KB049906

아줌마 장사꾼

아줌마 장사꾼

초판 1쇄 인쇄일 2023년 01월 03일
초판 1쇄 발행일 2023년 01월 12일

지은이 유주희
펴낸이 양옥매
디자인 표지혜 박예은
마케팅 송용호
교   정 조준경

펴낸곳 도서출판 책과나무
출판등록 제2012-000376
주소 서울특별시 마포구 방울내로 79 이노빌딩 302호
대표전화 02.372.1537   **팩스** 02.372.1538
이메일 booknamu2007@naver.com
홈페이지 www.booknamu.com
ISBN 979-11-6752-264-1 (03320)

아줌마 장사꾼

AUNTIE MERCHANT

유주희 지음

오늘 배워 내일 바로 써먹는 장사의 비밀

28년간 자영업자로 일하며 노하우를 쌓은
차세대 멘토, 리더 유주희!

빵

책과나무

평범한 아줌마의
장사 성공기

끓어오르는 분노, 슬픔, 원망. 하늘이 무너져 내리는 것 같았다. 치밀어 오르는 분노에 몇 날 며칠을 보냈는지 모른다. 불이 꺼진 깜깜한 방에 홀로 앉아 얼마나 울었는지 모른다.

'왜 내게만 이런 일이 벌어질까?'
'왜 내게 이런 시련이 닥쳤단 말인가?'

정말 어이가 없고 분하고 화가 났다. 안주 없이 소주를 마시면서 미친 여자처럼 울부짖어 보기도 했다. 가게에 오는 모든 손님들에게 내가 할 수 있는 모든 정성을 담아 운영을 해 왔다고 자부했다. 그렇기에 언제 나아질지 모르던 가게는 점점 자리를 잡아 갔다. 단골손님이 늘고 매상도 눈에 띄게 좋아졌다.

이제 한시름 놓을까 했더니, 청천벽력과도 같은 일이 벌어졌다. 건물 주인이 가게를 비워 달라고 한다. 얼마나 공을 들여 쌓은 탑인데 영문도 모른 채 한순간에 뺏기게 생겼으니, 원통하고 분해서 잠이 오질 않았다. 어디 가서 하소연할 곳도 없었다. 그렇게 나는 매상이 오르던 가게에서 권리금이라 할 수 없는 돈을 받고 그대로 쫓겨났다.

하지만, 내게는 그것이 기회가 되었다. 그곳에서의 미련은 싹 버리기로 결단을 내렸다. 기필코 성공하리라 다짐했다. 그리고 내게 벌어진 일에 대해 원망에 초점을 두기보다 긍정적인 마인드로 대처하기로 마음을 고쳐먹었다. 되는 방법에만 초점을 맞추었다.

'그럼에도 불구하고 되는 방법이 뭘까?'

생각하고 또 생각했다. 뜻이 있는 곳에 길이 열린다고 하지 않는가. 그랬더니 정말 기적과도 같은 일이 벌어졌다. 새로 오픈한 가게가 종전보다 여건은 더 열악했지만, 오히려 장사가 더 잘되는 기회가 됐다. 장애를 극복해 보았던 경험과 노하우가 쌓이니, 그 이후 벌어지는 갖은 난관조차 가볍게 극복할 수 있었다. 이전의 아픔은 원동력이 되었을 뿐이다.

장사는 하기 나름이다. 하지만 거저 얻어지는 것은 없다. 그렇다고 대단한 노하우가 있는 것은 아니지만, 이런 걸 몰라서 망하는 사람이 부지기수다.

많은 사람이 맨땅에 헤딩하며 시행착오를 겪는다. 그 기회비용이 너무나 커서 다시는 재기 불능한 상태가 되기도 한다. 그래서 나처럼 장사를 시작하는 사람들에게 꼭 도움이 될 만한 내용을 글로 엮기로 한 것이다. 그중의 핵심은 다음 세 가지로 함축된다.

첫째, 고객에 대한 정성
둘째, 직원에 대한 신뢰

셋째, 사업가 마인드와 몰입

코로나 사태는 많은 자영업자에게 위기이자 고난의 시기였다. 매상이 줄어들기도 하고, 심지어는 폐업한 곳까지 많이 보아 왔다. 하지만 위기가 기회가 될 수도 있다. 나는 코로나가 한창이던 시기에 추가로 가게를 오픈하기까지 했다. 남들은 미친 짓이라고 했다. 하지만 보란 듯이 자리를 잡았다.

지금은 창업을 하는 많은 분이 내 얘기를 듣고 싶어 한다. 내가 운영하는 본설렁탕과 카페에 수시로 벤치마킹을 하러 오는 분들도 있다. 가장 많이 하는 질문은 다름 아닌,

"코로나 시국에 어떻게 매상이 좋아지느냐?"

하는 것이다. 그 답을 이 책에 담았다. 그 노하우를 기꺼이 가져가시라.

나는 '동네에 남아도는 아줌마'다. 일명 '동남아'라고 한다. 나처럼 동네에 남아도는 평범한 아줌마도 장사에서 성공할 수 있으니, 이 책을 집어 든 당신도 물론 성공할 수 있다. 내가 전하는 내용을 잘 습득한다면, 더 큰 성공도 가능하리라 확신한다.

나는 식당을 운영하면서 바쁜 와중에도, 자투리 시간을 내어 공부를 했다. 시골 촌뜨기에 불과했던 내가, 삼겹살집 아줌마에 불과했던 내가 대학원 석사 학위까지 받을 줄을 누가 알았겠는가. 물론 그 과정이 쉽지는 않았다. 바쁜 와중에 공부한다고 할 때, 돌아가신 시어머님께서 하셨던 말이 생각난다.

"남편 등골 빼먹을 년."

내게 비수를 꽂는 말이었다. 하지만 내 열정은 누구도 꺾을 수 없었다. 공부를 하면서도, 장사를 하면서도 틈틈이 자격증까지 따냈다. 지금은 많은 청중 앞에 서서 강사로서, 아주 다양한 강연을 하고 있다.

삼겹살집 아줌마가 지식인들만 한다는 '4차 산업혁명' 같은 수준 높은 강의까지 하게 될 줄 누가 알았겠는가. 4차 산업혁명 강의를 아마도 50회 이상 해 본 것 같다. 소통, 셀프 리더십, 동기 부여, 자영업 성공의 비밀 등 강의 분야도 매우 다양하다. 우리 아이들은 나를 보며 말하곤 한다. 우리 엄마가 존경스럽다고.

하지만, 우리 가게는 아직 완성된 것이 아니다. 나 자신도 아직은 미완성이다. 여기서 멈추지 않고 끊임없이 발전시킬 것이며, 앞으로 나아갈 것이다. 나는 눈을 감고 그려 본다. 내 미래의 모습을.

이 책을 집어 든 모든 이에게 축복이 내리길 기원하며

유주희

꿈을 꾸는
모든 이를 위한 책

저자는 평범한 주부의 위치에서 삶을 의미 있게 살아가고 있는 이 시대의 진정한 커리어 우먼이다. 한 가정의 어머니이자 설렁탕 가게의 사장, 또한 강사인 저자가 이 책을 집필하기까지 겪은 여정을 모두 지켜보았다.

몇 년 전 연구소 콜로키움 모임에서 저자를 처음 만났을 때, 비록 그날 처음 만났으나 오랜 시간 만나 온 동료 같은 친근감이 들었다. 저자가 가진 열정, 누구와도 견줄 수 없는 학구열이 아무 말 없이도 내게 와 닿은 것이다. 목표를 가진 사람은 눈만 바라보아도 그 에너지가 느껴진다. 저자는 내게 그런 사람이었다. 빛나던 눈동자가 아직도 선명히 기억에 남아 있다.

이러한 유주희 저자가 자신의 삶을 책으로 엮어 냈다. 참으로 용기 있는 일이고 어려운 과정을 견디어 낸 모습에 큰 지지를 보낸다. 자신의 이야기로 책을 써내는 것은 아무나 할 수 있는 일이 아니다. 저자의 일생과 삶의 역경, 그 속의 지혜, 성장의 아름다움이 모두 담긴 이 책은 꿈을 꾸는 모든 이에게 큰 도움이 되리라 본다.

사람들은 무엇인가에 도전할 때 남의 시선을 지나치게 의식한다. 남의 시선이 두려운 이유는 자기 자신에 대한 확신이 없기 때문이다. 스스로 느끼는 불안감이 자기 자신을 지배하고 있지는 않은가? 저자는 이 도서에서 그러한 불안감을 떨쳐 버리고, 새로운 나 자신을 찾아가는 모습을 담았다.

사람들은 각자 다른 모습으로 살아간다. 자신의 위치에서 최선을 다하며 본인의 꿈을, 목표를, 희망을 이루려 힘껏 애쓴다. 저자는 한 사람의 아내로서, 한 가정의 어머니로서, 사업가로서, 강사로서 쉼 없이 달려왔다. 이 책에는 그 끝없는 도전과 응전을 담았다. 달려온 저자의 노정(路程)은 이 시대를 살아가는 우리에게 많은 희망을 줄 것이다.

또한 전 세계적으로 닥친 코로나바이러스로 인한 고충, 그에 대한 생존 전략 등을 담았다. 코로나로 우리는 많은 어려움을 겪었다. 특히나 저자와 같은 소상공인들은 누구보다 큰 피해를 입었다. 질병의 속박 속에서 살아남는 방법도 눈여겨볼 만하다. 아무쪼록 이 아름다운 도서가 많은 사람들에게 삶의 길잡이가 되며 울림을 주길 기원하여 본다.

통일안보전략연구소장

ph.d **강우철**

이 책을 읽은 당신도
성공할 수 있다!

고생 끝에 잘 일궈 낸 가게에서 하루아침에 쫓겨나게 되면 그때의 감정은 도대체 어떠했을까? 아마도 분노와 슬픔, 원망 그 자체였으리라. 그럼에도 불구하고 그녀는 역경을 딛고 우뚝 섰다.

그뿐이랴. 얼마 전 전 세계를 강타한 코로나가 터졌다. 전국의 모든 자영업자들이 폭삭 망하고 있을 때, 그녀의 가게는 일취월장했다. 오히려 많은 곳에서 그녀의 노하우를 배우려고 벤치마킹을 오기도 한다. 도대체 어떻게 했길래 그런 일들이 벌어졌을까?

이 책에는 그녀가 장사를 하면서 겪었던 수많은 노하우들이 많은 일화와 함께 담겨 있다. 읽는 동안 때로는 눈물도 흘리게 하고 때로는 주먹을 불끈 쥐게도 만들었다. 가슴이 뜨거워지기도 했다. 도대체 무엇이 이토록 내 가슴을 뜨겁게 만들었을까? 그것은 다름 아닌 그녀의 열정이었다. 이 책을 보면서 그녀의 열정을 느껴 보시길 권한다.

세상에는 용기 있는 사람들이 참 많다. "할 거 없으면 장사나 하지, 뭐." 이렇게 무모하게 뛰어드는 사람들이 너무나 많다. 장사가 무슨 똥개 이름인 줄 아나 보다. 너도나도 치킨집, 피자집, 식당, 카페 등을 창업했다가 거금을 몽땅 날려 버린다. 이렇게 뛰어들었다가 재기 불능의 상태로 빠지는 자영업자들이 숱하게 많다. 참으로 안타까운 현실이다. 인정하고 싶지 않겠지만 창업을 했던 수많은 자영업자들 중에서 살아남는 사람은 불과

7% 이내다.

　내가 지금 장사를 계획하고 있다면, 내가 지금 장사를 하는데 마지못해 문을 못 닫고 있는 실정이라면, 내 가게의 매상이 오르지 않아 걱정이라면, 이 책을 주의 깊게 읽어 보시길 권한다. 이 책에는 그녀가 장사를 하면서 겪었던 많은 일화와 함께 시금석으로 삼아야 할 노하우들이 담겨 있다. 이런 노하우들을 내 것으로 체화시킨다면 적어도 93%의 실패한 자영업자 부류에는 속하지 않으리라고 확신한다.

　특히, 그녀는 아무런 경험도 없고 평범한 동네 아줌마들도 성공할 수 있다고 귀띔해 준다. 그녀는 자신을 평범한 동네 남아도는 아줌마(이른바 '동남아')라고 비하한다. 누군가가 그녀를 이렇게 설명했다면 심한 모욕감을 느꼈을 법한 표현이다. 그럼에도 불구하고 그녀가 이런 표현을 스스로에게 한 것은 "나 같은 별 볼 일 없는 아줌마도 성공을 했으니, 이 책을 읽는 당신도 성공할 수 있다!"라는 강력한 메시지다.

　또한, 그녀의 성장기도 담겨 있다. 동네 남아도는 아줌마, 삼겹살집 아줌마가 꾸준한 자기계발을 통해 석사 학위까지 받았다. 그리고 이제는 강의까지 한다. 명강사가 되어 전국을 누비면서 동기 부여 강의를 한다. 도무지 상상이 되지 않는 일을 그녀는 해내고 있다. 그녀의 성장은 어디까지가 한계일까. 그 미래가 몹시도 기대된다.

대한민국 명강사 경진대회
그랑프리 수상자 **신동국**

인생의 주인공으로
살아가는 힘

이 책은 '민주주의 시대'라 불리는 이 시기를 살아가는 우리는 어쩌면 큰 축복을 받은 것인지도 모른다는 생각이 문득 들게 만드는 책이다. 우리 모두가 각자 인생의 주인공으로 살아갈 수 있는 시기는 전체 인류 역사에서 아주 찰나의 순간인지도 모른다. 그렇다고 해서 모두가 자기 인생을 주인공으로 살아간다고 단언하기는 어렵다.

이런저런 핑계와 변명으로 주인공보다는 조연으로 살아가는 것을 더 편하게 여기는 순간들이 더 많았던 것은 아닌지 살아온 날들을 돌이켜 보게 된다. 그런 점에서 이 책과 유주희 저자에게 아낌없는 지지와 박수를 보내게 된다.

이 책은 '아줌마 장사꾼'이라는 제목답게 유주희 저자의 삶이 흔하고 평범한 일상 속에서 일궈 낸 독보적 인생임을 보여 준다. 어머니에게는 귀한 딸로, 남편에게는 사랑스러운 아내로, 두 자녀에게는 자랑스러운 어머니로, 동료들과 이웃들에게는 본받고 싶고 신뢰할 수 있는 사람으로 살아가는 모습에서 주인공의 모습을 보게 된다.

기자로서 인터뷰를 하며 만났던 수많은 유명 인사들에게서 얻은 가르침과 교훈들과는 또 다른 삶의 소중한 가치들을 이 책 속에서 찾을 수 있을 것이라고 장담한다. 그리고 이 책을 읽고 나면 당신에게는 인생을 주인공으로 살아가기 위해 필요한 새로운 힘이 생길 것이다. 그러한 힘이 가득히

충전된 당신의 모습을 그리며 이 책을 읽어 보기를 권한다.

평범한 주부가 삶의 수많은 시험과 고난 속에서 스스로의 인생을 얼마나 당당하게, 그리고 어떻게 소중히 가꿔 가고 있는지 살피는 여정에서 독자님의 삶이 더욱 소중해지고 당당한 삶으로 바뀌어 가기를. 하나님의 이름으로 축복하며 이 책을 추천한다.

녹색경제신문 전문기자(부국장)

김의철

포스트 코로나 시대,
삶의 지혜를 제시하다

저자는 이 한 권의 책을 통하여 출생에서부터 지금의 자신에 이르기까지의 인생 역정을 소개하고 있고, 자신이 살아온 삶, 그중 장사를 통해서 본 삶의 현장을 생생하게 그려 내고자 노력했다. 특히, 코로나19 팬데믹이라고 하는 한 번도 경험해 보지 않았던 상황 속에서 삶의 사투를 벌이고 있는 자영업자, 소상공인들을 향한 처절한 마음과 애틋한 사랑을 전하고자 노력하고 있음을 엿볼 수 있다.

저자는 우리들의 미래 세대를 향하여 "세상을 보는 시야를 넓혀서 자존감을 높이라!"고 외치고 있다. 마치 2,400여 년 전 중국의 사상가였던 장자 선생께서 말씀하신 "정와불가이어어해자 구어허야(井蛙不可以語於海者 拘於虛也)", 즉 "우물 안에 있는 개구리에게는 어떤 말로도 바다를 설명할 수 없음은 우물 안에 갇혀 있기 때문이다."라는 문구를 통해 각자가 처해 있는 우물에서 나와 넓은 세상으로 나가야 한다는 깨우침을 생각나게 하고 있다.

아울러, 저자는 생생한 경험을 토대로 장사를 비롯한 삶의 현장에서 어떤 경우에도 결코 낙심하거나 포기하지 말고, 남들이 감히 넘보지 못할 강한 집념으로 위기를 기회로 극복해 나가는 노하우와 생활의 팁(Tip)을 전하고 있다.

저자는 자신을 우리 사회에서 흔히 만날 수 있는 '동네 남아도는 아줌마'

에 비유하며 이야기를 풀어 가고 있지만 결코 동네에 남아도는 아줌마가 아닌, 포스트 코로나 시대를 준비하는 우리에게 삶의 지혜를 제시해 주는 '동네 남아 있어야 할 아줌마'로서의 캐릭터의 가치를 발산하고 있다고 생각한다.

끝으로, 유주희 저자의 집념과 도전정신이 담긴 이 작은 한 권의 책이 코로나19 팬데믹이라는 길고 어두운 터널을 빠져나가려고 하는 우리 사회 구성원들에게 비전과 용기를 심어 줄 것이라는 소망을 가져 본다.

여주대학교 교수

박문수

2부 마음을 얻으면
돈이 보인다

5부 동네에 남아도는
아줌마의 대변신

1부

거저 된다면
그건 장사가 아니다

거저 된다면
그건 장사가 아니다

나는 현재 한 식당의 사장이며, 커피 카페를 운영하고 있는 사장이면서, 강연 활동을 하는 강사이고, 두 아이의 엄마이기도 하다. 이것들이 얼핏 평범해 보일 수는 있겠지만, 내게는 그 누구보다 행복한 일이다. 이 모든 것들이 나를 살아가게 만드는 힘이자 이유인 것이다. 힘이 들 때마다 내가 사랑하는 것들을 떠올린다. 그럴 때면 거짓말처럼 없던 힘도 솟아난다.

'장사', 그중에서도 식당을 하게 된다면 신경 써야 할 것들이 아주 많다. 납품받을 재료, 식기, 위생 상태, 가게 인테리어, 직원 모집, 메뉴의 선정과 개발 등등 나열해도 끝이 없는 것들을 빠짐없이 신경 써야 하며, 그것 중 하나라도 모자라지 않게 언제나 완벽에 가까운 상태를 유지할 수 있도록 노력해야 한다. 식당 운영이란 그런 것이다.

또한, 장사를 하다 보면 정말 많은 사람을 만난다. 하루에 수십 명씩의 손님들이 다녀가는 것은 물론이고, 짧게는 몇 달, 길게는 몇십 년씩 함께한 직원들도 있으니 말이다. 나는 짧다면 짧고, 길다면 긴 시간 동안 식당 운영을 하며 장사의 비결과 돈 버는 법을 배웠을 뿐만 아니라 '인간관계'를 배웠다. 이것들은 정말 평범하지만, 그 무엇과도 바꿀 수 없는 가치인 것이다. 이 행복이 평범해 보일지언정, 피나는 노력이 없었으면 절대 얻지 못했을 것들이다.

"거저 된다면 그것은 장사가 아니다."

장사를 해 본 사람과 해 보지 않은 사람은 손님을 대하는 것에서부터 차이가 있었다.

단순히 하고 싶은 것을 하기 위해서 달려왔던 고된 지난날들이 내 머릿속을 스쳐 지나간다. 또한 장사하는 소상공인으로서 코로나에 지친 타 소상공인 자영업자들에게 힘이 될 만한 이야기도 많이 싣기 위해 노력했다. 위드 코로나를 선언한 상황에서, 코로나와의 공생을 위하여 어떠한 영업 전략을 세워야 할지 많이 고민했다.

01

'알고 싶어요'

달 밝은 밤에 그대는 누구를 생각하세요

잠이 들면 그대는 무슨 꿈 꾸시나요

깊은 밤에 홀로 깨어 눈물 흘린 적 없나요

때로는 일기장에 내 얘기도 쓰시나요

날 만나 행복했나요 나의 사랑 믿나요

그대 생각하다 보면 모든 게 궁금해요

이선희의 노래 〈알고 싶어요〉 중 내가 좋아하는 노래 가사의 일부분이다. 떠나가는 임에 대한 그리움을 표현한 황진이의 시조에 착안해서 만든 곡이라고 한다. 절절한 사랑과 그리움이 묻어난다.

갑자기 왜 이 노래를 언급하는지 의아할 것이다. 나는 내 가게를 위 노래 가사 속 '그대'처럼 생각했다. 달 밝은 밤에 나는 식당을 생각했다. 잠이 들면 나는 식당 꿈을 꾸었다. 깊은 밤에 홀로 깨어 눈물도 흘렸다. 식당을 만나 행복했다. 나는 이렇게 몰입을 했다. 적어도 내 가게를 오픈했다면 이런 '몰입'이 필요하다. 황진이가 마치 사랑하는 그대를 생각하듯이.

과연 나는 그리하고 있는가. 장사에서 성공하기 위해서는 몰입이 답이다.

예전에 주변의 지인 한 분이 했던 말이 생각난다.

"처음 연애할 때 밥을 먹으면서도 그녀가 생각났어요. 샤워를 하면서도 생각났어요. 걸어가면서도 생각났어요. 하늘을 봐도 생각났어요. 눈만 감아도 그녀가 보였어요."

이선희 노래와 일맥상통하는 말이다. 그러면서 그분은 사업하는 사람의 자세에 대해 이렇게 말한다.

"사랑에 깊이 빠지면 언제 어디서나 사랑하는 사람이 생각나듯이, 사업도 그래야 합니다. 내 사업을 한다면 사랑에 빠지듯이 식당 일에 몰입을 해야 성공합니다."

그 말에 100% 공감한다. 나 역시 그랬다. 적어도 내 사업을 한다면 이렇게 몰입을 하는 것이 중요하다. 그래서 나는 어디를 가든 내 눈과 귀는 늘 사업과 관련된 일에 쏠려 있다. 언제 어디서든 관찰하고 배우려는 습관, 바로 이것이 몰입이다.

나도 가끔은 손님이 되어 다른 식당을 가는 경우가 많다. 어느 식당을 가든지, 내 눈과 귀는 항상 매장의 모든 것을 관찰한다. 자연스레 홀의 전경을 본 다음, 주방 쪽으로 자연스레 시선을 돌린다. 이후 내점 고객을 응대하는 직원과 사장님의 태도를 살핀다. 그리고 세팅되어 나오는 음식의 외관을 훑어본다. 먹어 볼 때도 아주 천천히 시식해 본다. 내가 배울 만한 점은 무엇인지 즉각 메모한다. 또 이 식당의 아쉬운 점은 무엇인지를 점검한다. 우리도 그런 실수를 해서는 안 되니까.

그렇게 관찰하는 습관이 들었다. 이를 여러 해 동안 반복하다 보니 이제는 반 점쟁이가 됐다. 그 식당의 미래가 나도 모르게 그려진다.

'아, 이 식당은 고객의 입맛을 사로잡는 음식점이 되겠구나.'
'이 식당은 오래갈 것 같지는 않구나.'

시간이 흐르고 나면 내 짐작이 틀리지 않았음을 알 수 있었다. 이렇게 나는 그 식당의 미래를 금세 파악해 내는 재주를 갖게 되었다. 사업에 대한 관심과 몰입이 내게 준 특별한 선물이기도 하다. 되짚어 보면 고깃집 운영 25년, 설렁탕집 운영 3년, 더불어 카페 운영 2년 반이 흘렀다.

지금 보고 있는데도 보고 싶은가. 그렇게 미치도록 사랑하는가. 내가 가꾸고 있는 식당이 그래야 한다. 보고 있어도 보고 싶은 나의 소중한 일터! 눈을 감아도, 눈을 떠도 늘 눈에 담아 두고 싶은 나의 일터! 미치도록 몰입을 하라. 나를 성공의 길로 안내해 주리라.

02

돈을 쓸어 담은 죄,
그래서 쫓겨나다

"사모님, 어서 오세요. 따뜻한 차 드릴까요?"

은행 직원의 환한 미소와 함께 들려오는 인사다. 20대 후반의 꽃다운 새 댁은 돈 박스를 빨간 보자기에 싸서 당당하게 VIP 룸으로 들어갔다. 이 새 댁이 바로 나였다. 25년 전의 일이다.

우리가 처음 오픈한 곳은 정육점 식당이었다. 나름대로 사업 원칙을 세 웠었다. '최상의 육류를 쓴다'는 것이 우리의 사업 원칙 1호였다. 그래서 어 떤 것이 최상의 육류인지 배우기 위해 많은 노력을 했다. 성남에 거주하 는 멘토를 모셔 와서 배우고 또 배웠다. 고기를 구별하는 법, 고기를 부위 별로 손질하는 법, 거세 돼지(수퇘지)가 아닌 암퇘지를 정확하게 구분하는 법 등등. 몇 달을 익히고 수많은 시행착오를 거쳐서 정육점과 식당을 잘 운영하는 법을 어렵게 배웠다.

당시 우리 정육점 식당은 고기 한 근 600g에 만 원을 받고 팔았다. 또한 자율적으로 음식을 가져다가 먹을 수 있는 진열창을 준비했고, 그곳에 채 소를 먹음직스럽게 진열해 놓았다. 일정 대금만 지불하면 본인이 먹고 싶 은 것을 자율적으로 가져다 먹을 수 있는 형태였다. 그곳에 신선한 파채와 치커리 채소 무침을 바로바로 무쳐서 진열했다. 그뿐만이 아니다. 서비스로 뚝배기 된장찌개를 테이블마다 무한으로 제공해 드렸다.

그렇게 식당을 운영하다 보니, 어느 순간부터 장사가 정말 잘되기 시작했다. 달마다 지급해야 하는 필수 고정 비용을 지출하고도 순수익 600~900만 원을 저축할 수 있을 정도로 장사가 잘됐다. 매일 20~30만 원을 저축한 셈이다. 그렇게 우리는 돈을 쓸어 담았다.

당시에는 테이블 6개가 전부였는데, 많은 손님으로 인해 늦게 오는 손님들은 발걸음을 되돌려야 하는, 이른바 맛집 식당이 되었다. 밥조차 제대로 짓지 못했던 새댁이 장사는 쉽다고 너스레를 떨었던 시절이다. 이것이 나의 첫 장사였다.

"재료가 소진되어 오늘 영업을 마감합니다."

매일 긴 시간 장사하지 않았다. 준비된 재료가 떨어지면 과감하게 문을 닫았다. 직원 없이 주인장만이 운영하던 곳이었기에 가능한 일이 아니었을까. 급여에 대한 부담이 없었기에 그렇게 순수익이 많았을 듯하다. 그 시절을 떠올릴 때마다 그리워지곤 한다.

하지만, 우리 부부에게 어느 날 시련이 찾아왔다. 장사를 시작한 지 22개월 즈음 됐을 때다. 잘 나오는 매출에 꿈에 부풀어 있을 무렵이었다. 빌딩을 사는 건 시간문제라고 생각했다. 곧 건물주가 되겠다는 야무진 꿈도 꾸어 보았다.

그런데 건물주가 일방적으로 식당을 비워 달라고 했다. 그야말로 마른하늘에 날벼락이었다. 우리 가게가 너무 잘되는 걸 보고 본인이 직접 가게를 할 예정이라며 비우라고 했다. 건물주는 상도덕도 없었다. 피도 눈물도 없는 악덕 건물주였다. 우리에게 죄가 있다면 장사를 잘한 죄밖에 없었다. 그렇게 우리는 이사 비용과 자재비를 포함해 1,500만 원 정도만 받고 쫓겨났다. 권리금은 한 푼도 받지 못한 채….

정말 화가 났다. 억울했다. 분했다. 하늘이 무너지는 것만 같았다. 몇날 며칠을 잠을 못 이루며 울었는지 모른다. 왜 내게 이런 시련을 주는지 하늘이 원망스럽기까지 했다. 소주를 마시며 미친 여자처럼 울부짖기도 했다.

하지만, 언제까지 분노와 슬픔에 젖어 있을 수는 없었다. 다시 일어서야 했다. 우리에게는 22개월 동안 쌓은 노하우가 있다. 위기를 기회로 바꿔 보리라고 다짐했다. 기필코 성공하리라 다짐했다.

인근 상가 지역에 맘에 드는 가게를 발견했지만, 엄청나게 비싼 임대료가 문제였다. 종전 가게보다 테이블 세 개 정도가 넓은 가격인데, 보증금 1억에 월세가 250만 원이었다. 지금으로부터 25년 전 가격이니 그야말로 상상 초월의 가격이다. 그럼에도 불구하고 우리는 배짱 좋게 그곳에서 두 번째 음식업에 뛰어들었다.

이전에 축적된 노하우를 바탕으로 철저하게 준비했다. 모든 위험 요소를 사전에 차단했다. 그리고 죽기 살기로 뛰었다. 그랬더니, 내게 닥쳤던 시련이 기회가 될 줄 누가 알았으랴. 내 눈에는 분명 시련으로 보였는데, 시간이 지나고 보니 위기는 기회라는 또 다른 이름이었다. 초반부터 일 매출이 70~80만 원에 달했다. 공간도 좁고, 테이블도 9개밖에 없던 가게치고는 정말 높은 매출이었다.

6개월가량 장사를 하다 보니 손님 수용도 힘들어졌다. 우리는 또다시 행복한 고민을 했다. 현 상태에서 손님을 더 받을 수 있는 방법은 없을까를 연구했다. 걸어가면서도, 샤워하면서도, 밥을 먹으면서도 생각했다. 이렇게 몰입을 했더니 결국 묘안이 나왔다. 가게를 복층으로 꾸미기로 한 것이다.

그래서 거금을 들여 복층으로 리모델링을 했다. 가게 평수가 종전보다 두 배가 되었다. 손님을 두 배 이상 받을 수 있게 된 것이다. 매상은 말할 것도 없이 폭발적으로 늘었다. 이렇듯 깊이 있게 몰입해서 연구하면 없던 방법도 다 길이 열린다. 긍정적인 마인드로 '되는 방법'을 생각하는 게 중요하다.

이렇게 우리에게 닥친 시련이 기회가 됐다. 당시 1층 실평수가 21평, 복층 역시 21평인 고깃집에서 위아래 직원과 주방 직원까지 총 13명까지도 일하곤 했다. 평소에는 하루 매출이 270~300만 원이고, 바쁠 때는 300~400만 원이니 정말 손님이 많았음을 짐작할 수 있을 것이다.

2010년 이전까지만 해도 사람들은 카드 결제를 많이 하지 않았다. 대부분 현금 위주의 결제였으니, 평균 매출 270만 원을 전부 현금으로 번 셈이다. 돈통이 미어터질 정도였다. 한 주만 장사해도 라면 상자에 현금이 가득 찼다. 그래서 그 현금을 들고 은행으로 향했다. 일반 고객 창구로 가지 않고 VIP 방으로 향했다. 지점장님이나 부지점장님이 버선발로 뛰어나올 정도였다. 한 주에 현금만 1,000~1,500만 원씩 들어오곤 하니, 돈 세는 기계가 한참 돌아가야 했다.

그렇게 바쁘게 장사가 잘되던 날들이 내 젊은 날에도 있었다. 지금 생각해 보니 아름다운 추억이다. 하지만 시련이 닥쳤을 때는 그것이 기회인지

보질 못한다. 그래서 위기는 기회라는 또 다른 이름을 갖고 있다더니, 내게 꼭 맞는 표현이었다. 지금 어려움이 닥쳤다면 긍정적인 마인드로 '되는 방법'에만 집중하시라. 꼭 해낼 수 있으리라 확신한다.

03

돌아가는 길이
더 빠른 길

이 책을 읽고 있는 독자들 주위에도 장사를 해서 성공한 사람도 있고 실패한 사람들도 있을 것이다. 그 사람들 이야기를 결코 헛되이 들어서는 안 된다. 나와 업종이 다를지라도 한 마디 한 마디가 다 피가 되고 살이 되는 이야기다. 특히 성공 사례는 벤치마킹할 만하다. 내 주변에 옷 장사를 크게 성공한 분이 있다. 나와 비록 업종은 달랐지만 내가 식당을 하는 데 큰 도움이 된 사례다. 그의 이야기를 들려주고자 한다.

장사라는 것을 처음 하는 사람이 무작정 가게를 오픈했다가는 말아먹기 십상이다. 그래서 그는 무작정 동대문시장을 찾아갔다고 한다. 시장 안에 있는 아무 옷가게나 들어가서 일을 배우게 해 달라고 졸랐다. 가게 사장들이 쉽사리 응해 주지 않았지만, 그는 포기하지 않고 이 가게 저 가게를 기웃거렸다고 한다. 그랬더니 하늘도 감동을 했는지 문이 열렸다. 일을 가르쳐 주겠다는 곳이 나타난 것이다.

그래서 그곳에서 6개월간 일을 배우기로 했다. 부부가 무보수로! 일을 다 배우고 난 뒤에는 동대문 근처에는 절대 오픈하지 않겠다는 약속과 함께. 그들 부부는 그렇게 6개월간 배웠다. 성실하게 하니 멘토 사장님도 마음을 다해 도와줬다. 정말 열심히 배웠고 자신감도 생겼다.

6개월이 지난 후 바로 개업을 하려니 막상 두렵기도 했다. 그래서 일단 작게 보따리 장사부터 시작했다. 고속터미널 지하상가의 비어 있는 가게를 1~2달 정도만 빌려서 장사를 해 본 것이다. 팔릴 만큼의 옷만 떼 와서 싸게 팔았다. 나도 그때 가게에 가 봤는데 어찌나 손님이 많은지, 가게 사장과 말할 틈조차 없었다. 대성공이었던 것이다. 그 후 그분은 작은 가게를 하나씩 오픈했고 지금은 대형 매장을 5개나 보유한 작은 재벌(?)이 되어 있다.

아마 대다수가 이분처럼 자신이 뭘 모르는지 몰라서 뭘 배워야 하는지도 몰라 막막해할 것이다. 그렇다면 이분처럼 배울 만한 멘토를 찾아가길 권한다. 시중의 많은 강연이나 서적에서 아무리 노하우를 가르쳐 준다고 한들, 냉정하게 말하면 다 '죽은' 지식이다. 일하면서 터득한 노하우와 얻은 아이디어야말로 산지식이고 '산' 지식이다. 멘토 사장님이 생긴다는 것은 큰 자산이다.

내가 고깃집을 운영할 때도 그랬다. 아무것도 아는 지식 없이 식당을 오픈한다는 것은 폐업의 지름길이 되기 때문이다. 유통처에서 배송해 주는 고기만으로는 고기가 생명이 되는 육류 전문점을 25년간 이끌 수 없었다. 일정 부분의 페이를 지불하고 세 달의 견습을 마쳤지만, 여전히 부족한 것이 많았다. 남편이 때로는 내가 성남 지인의 가게로 가서 배우고 또 실습해야 했다. 그렇게 남편이 발 벗고 나서서 고기를 구분하는 법을 배우고 나서야, 거세 수퇘지가 암퇘지로 둔갑하지 않는 '질 좋은 맛있는 고기'가 될 수 있었다.

본격 개업을 하기 전에 3개월이든 6개월이든 남의 가게에 가서 일하는 것이 쉽지 않을 수 있다. 마음이 급하고, 빨리 돈을 벌어야 하는데 언제 그런 데 가서 일하느냐고 반문할 수도 있다. 하지만 돌아가는 길이 더 빠른 길이다. 돌아가는 것이 성공 확률을 높여 주며, 망할 확률을 최소화해 준다는 점을 기억하자.

04

삼겹살에
꿀을 발랐나요?

"삼겹살에 설탕을 부었어요?"

"고기에 꿀을 발랐나요?"

"고기에서 누린내가 나질 않네요?"

설렁탕집을 운영하기 전 고깃집을 운영할 때 우리 가게에 온 손님들의
반응이다. 과연 어떤 마법을 부렸길래 우리 가게에서 취급하는 고기는 맛
이 좋다고 소문이 났을까? 과연 어떤 비밀이 숨겨져 있길래 그 조그마한
가게에 손님들이 미어터졌을까? 그 비밀을 파헤쳐 공개한다.

세계적인 초일류기업 '디즈니'라는 회사에 대해 아마도 모르는 분이 없
을 것이다. 대개 기업들의 수명은 50년을 넘기기가 힘든데, 그 회사는 100
년을 넘게 성장과 발전을 지속하고 있다. 그 비결은 바로 '핵심 가치'에 있
다고 한다. 이 가치는 경영의 나침반 같은 역할을 한다.

그 회사의 핵심 가치 중에 가장 1순위 가치가 '안전'이다. 이 안전만큼은
그 어떤 것과도 타협이 안 된다. 예를 들어, 아무리 획기적인 경비 절감 방
안이 나와도 '안전'을 위협하는 것이라면 절대 수용하지 않는다. 아무리 최
고의 놀이시설이라고 하더라도 '안전'을 위협하는 것이라면 역시 수용하지
않는다. 아무리 고객이 좋아하고 만족한다고 하더라도 '안전'을 위협하면

역시 타협하지 않는다.

즉, 디즈니가 사업을 함에 있어 모든 의사결정의 최우선순위에 있는 것이 바로 '안전'이다. 그러한 우직스러움이 오늘날의 디즈니로 만든 것이다. 디즈니의 이러한 핵심 가치는 대기업에만 필요한 것이 아니다. 우리 같은 영세한 자영업, 조그마한 식당에도 필요하다. 비록 우리가 몇 테이블밖에 놓지 못하는 조그마한 식당일지언정 처음부터 가치관은 분명했다.

"최고 품질의 고기를 지향한다."

우리도 사람인지라 적당한 품질의 고기를 써서 더 많은 이익을 남기고 싶었다. 그런 유혹, 그런 충동이 없었던 것은 아니다. 하지만 아무리 이익이 많이 남는다 하더라도 적당한 육질의 적당히 싼 고기는 아예 처다보지도 않았다. 원재료 가격이 급등하여 이익이 대폭 줄어들었을 때도 우리는 결코 양보하지 않았다. 불경기가 도래하여 식당 손님이 줄어들어도 '최고 품질의 고기'만을 고집했다. '최고 품질의 고기'가 아니라면 결코 타협하지 않았던 것이다.

그래서 최상품의 고기를 분간해 내는 법을 배우기 위해 많은 돈과 시간과 노력을 투자했다. 멘토를 모시고 와서 몇 달간 배우기도 하고, 직접 찾아가서 배우기도 했다. 그렇게 우리는 최상품의 고기를 쓰기 위해 각고의 노력을 기울였다. 그리하여 이 돼지가 암돼지인지, 수돼지인지, 또는 거세한 돼지인지, 거세하지 않은 돼지인지를 아주 정확히 짚어 내는 재주를 가지게 된 것이다.

이렇듯 최고 품질의 고기만을 엄선해서 팔게 되니 꿀을 바른 게 아니냐는 등의 호평을 듣게 된 것이다. 그렇게 맛이 있다고 소문이 나기 시작하니, 가게는 늘 발 디딜 틈조차 없이 북적거렸다.

시중에는 거세한 수퇘지를 암퇘지로 속여 파는 일도 많다. 그러나 그렇게 속여 판 돼지의 맛은 너무 다르다. 누린내는 나지 않지만 질기고 맛이 없다. 당장에 이익은 조금 더 남을지 몰라도 손님들은 점점 줄어들게 된다. 패망의 지름길이다.

나는 최상급의 재료가 아니라면 결코 타협하지도, 양보하지도 않았다. 이것이 많은 손님들이 찾아들게 한 비밀이다. 당신은 어떤 가치관을 갖고 운영하는가. 그 가치관을 세웠다면 하늘이 두 쪽이 나더라도 결코 타협하거나 양보하지 말라.

05

A+++ 등급만을
고집하는 우둔함

"옆집은 호주산 고기 쓰는데 사장님도 한번 들여놔 보세요."
"이렇게 불황인데, 그렇게 최상급 고기만 쓰면 남는 게 있나요?"
"손님이야 좋겠지만, 우린 망하는 거 아닌가요?"

우리 식당에 고기를 공급해 주는 유통처에서 했던 말이다. 우리 식당 직원들도 그런 말을 들을 때마다 한마디씩 거든다. 이럴 때 내 속은 타들어 간다. 누군들 몰라서 안 쓸까? 나도 사람인지라, 그런 충동이 일기도 한다. 비라도 내리면서 날씨까지 우중충해지면 소주를 벌컥벌컥 들이켜고 잊어버린다.

앞에서 언급했듯이, 우리의 장사 철학과 가치관은 확고했다. 최고 품질의 고기를 지향한다. 이것은 우리 자신과의 약속이요, 고객과의 약속이다. 내가 만든 약속을 내가 안 지키면 누가 지킨다는 말인가? 사업에 있어서는 신용과 약속이 생명이다. 이를 지키지 않는다는 것은 생명을 포기하는 것과 같다.

그래서 우리는 무식하게도 우둔하게도 한길을 걸었다. 걷다가 유혹이 있어도 쳐다보지 않았다. 걷다가 비바람이 몰아쳐도 오직 한길만을 갔다. 우리 가게에 손님이 미어터지게 한 원동력은 바로 그 약속을 지켰다는 데 있다. 우리가 비교적 젊은 나이에 자리를 잡을 수 있었던 것도 바로 그 약속을 지켰기 때문이었다. 그러니 좀 힘들고 어렵다고 그 약속을 어찌 헌신짝 버리듯 포기할 수 있을까?

A+++라는 등급은 우리가 자체적으로 매긴 등급이다. 최고의 품질평가 전문기관인 '축산물품질평가원'에 따르면, A+++ 등급이라는 고기는 없다. 우리가 자체적으로 고기를 선별할 때 최상급의 고기를 편의상 A+++라고 매겼다. 그래서 이 등급에 해당하는 고기만을 취급한 것이다.

당신은 사소함에 대하여 어떻게 생각하는가? 나는 장사를 하며 '사소함'을 제일 중요하게 여겼다. 사소한 것들이 모여 큰 것이 된다. '티끌 모아 태산'처럼 나는 사소한 것들을 중요하게, 소중하게 여겨 장사에서 성공을 거둘 수 있었다.

"가장 간과하기 쉬운 사소함이 전체를 결정한다."

라는 말을 들어 본 적이 있을 것이다. 내가 서른세 살이 되기 전 60평 아파트를 소유하고 경제적인 자유를 나름 빨리 얻을 수 있었던 이유 역시 사소한 것들에서 출발해 그 어느 것도 등한시 여기지 않았기 때문이라고 할 수 있다. 그야말로 눈앞의 큰 이득, 잠깐의 편안함을 추구하려 얄팍한 상술에 빠진 것이 아닌, 끈기 있게 나만의 원칙을 고수했기 때문이다.

내가 안산시 단원구 선부동에서 숯불생고기촌을 운영했을 당시에 우리 식당은 생고기 맛집으로 사람들에게 널리 소문이 나 있었다. '이 식당은 고기가 아주 맛있다'라는 많은 칭찬과 사랑을 받았다. 우선 우리 식당은 A+ 등급 고기 대신 A+++ 고기를 썼다. 등급이 더 높은 고기를 쓰자면 한 달에 사람을 2명 쓰는 것과 같은 추가 지출이 나간다. 400만 원 이상의 돈이 매달 들었다. 하지만 그 비용의 대가는 문전성시를 이루고 다시 고객의 발걸음을 유도하는 너무도 중요한 원칙이었다.

나는 그 돈을 아까워하지 않았다. 작은 등급의 차이가 고기의 맛을 완전히 바꾸고, 고깃집에서 고기의 맛은 제일 중요한 것이기 때문이다. 고깃집인데 고기가 맛있지 않다면 아무도 찾아오려 하지 않을 것이다. 그러니 고기에 들어가는 돈을 아까워하지 않고 최상급의 고기를 파는 것. 이것은 사소한 것이라기보다는, 고깃집을 운영하며 제일 기본적으로 지켜야 하는 원칙과도 같은 것이라고 할 수 있겠다.

하지만 때로는 장사를 하다 보면 A+++ 등급을 쓰는 데 있어 고민하게 될 때가 있다. 5월 초부터 3달 정도 고깃값이 계속 오르기 시작하는데, 이럴 때 원가를 절감하려고 '호주산 같은 수입산 고기를 들여와 팔아 볼까?', 'A+ 등급도 좀 써 보는 건 어떨까?' 하는 유혹이 들기도 했다. 유통처 직원들의 "옆집은 호주산 고기 쓰는데 사장님도 한번 들여와 보세요." 같은 유혹도 있었다.

하지만 그런 유혹에 넘어가지 않았던 건 나의 장사 신념과 철학 때문이었다. 손님들의 신뢰를 저버릴 수 없다는 신념 말이다. 가게를 찾아 주시는 손님들의 훈훈한 인사와 덕담을 다시는 볼 수 없다는 우려가 나를 그러한 유혹에서 빠져나올 수 있게 만들었다. 또한 손님들은 최상 등급의 고기를 파는 우리 가게에 대한 믿음이 있을 텐데, 그 신념을 오로지 돈 때문에 깨 버릴 수는 없었다. 나는 그런 유혹이 들 때면 가게를 꾸준히 방문해 주시는 감사한 손님들을 생각했다.

장사를 하다 보면 많은 유혹이 찾아올 것이다. 원가 절감, 편안하고 쉬운 장사 등의 다양하고 깊은 유혹 말이다. 하지만, 그런 것들에 신념 없이 쉽게 넘어가면 장사를 오래 이어 나갈 수 없다. 꾸준함의 비결은 자신이 세운 원칙과 신념이니까 말이다.

우리 가게에 손님이 미어터지게 한 비결은 최고 품질의 고기였다. 적당히 괜찮은 품질의 고기는 거들떠보지도 않았다. 당장 눈앞의 이익만을 좇지 않았다. 우직하게 한 방향으로 나아가는 것이 성공의 비결이다. 독자 여러분은 그렇게 할 수 있는가?

06

신선한 야채는
무조건 현금 구매

"영수증은 돈이다."

이 말은 자영업자들에게 불변의 진리다. 재료를 구입할 때 영수증이나 계산서를 잘 챙겨야 그만큼 절세가 가능하기 때문이다. 따라서 계산서 없이 물품을 구매한다는 것은 한마디로 우둔한 짓이다. 그럼에도 불구하고 우리 가게는 영수증 없이 현금으로 구매하는 품목이 있다. 바로 신선 야채다. 비록 세금 부분에서 손해를 보고 있지만 그럴 만한 가치가 있기 때문이다. 이는 우리 가게만의 우직한 철학에서 비롯된 것이다. 우리 가게만의 우직한 철학은 간단하다.

첫째, 최고의 품질로 승부한다.
둘째, 고객과의 약속은 반드시 지킨다.

우리도 사람인데 아무런 유혹이 없던 것은 아니다. 적당히 싼 재료에 적당히 괜찮은 재료를 쓰고 싶은 충동이 일기도 한다. 당장 내 눈앞에 이익이 아른거리기 때문이다. 하지만 우리는 그런 건 거들떠보지도 않았다. 그런 우직함이 장사를 오랫동안 할 수 있게 만들어 줬다. 사람들로부터 오랫

동안 사랑받을 수 있게 만들어 줬다.

고깃집은 무엇보다도 고기의 육질이 좋아야 한다. 그렇기에 우리는 장사를 시작할 때부터 우수한 품질의 육질을 구별하는 법을 배웠다. 많은 시간과 노력을 투자했다. 멘토를 모시는 데에도 적지 않은 돈이 들어갔다. 배운 것에 그치지 않고 실행에 옮겼다. 비싸더라도 늘 최상 품질의 고기를 유지해 왔다. 당장 눈앞의 이익이 줄더라도 그 원칙을 고수해 왔다.

하지만, 고기의 품질만 좋아서는 뭔가 2% 부족하다. 플러스가 있어야 금상첨화가 된다. 마치 칼국숫집에는 겉절이가 맛있어야 손님이 들끓는 이치와 같다. 즉, 고깃집은 야채가 신선해야 고기 맛을 더 살린다. 그래서 늘 신선한 야채, 최상급의 야채를 수없이 찾아 헤맸다. 이곳저곳을 다니면서 수많은 발품을 팔아 최상품의 채소 공급자를 발굴했다.

그렇게 우리 식당은 안산시 팔곡동에 있는 채소 전문 비닐하우스촌에서 직접 키우고 작업한 채소를 들여왔다. 적은 세월도 아니고, 무려 25년간 영업을 하며 고객의 큰 사랑을 받았던 우리 고깃집의 비결 중 하나는 바로 이 '신선한 야채'에 있다. 품목은 대파, 상추, 깻잎, 치커리의 4개 품목이었다. 그곳에서 구매하는 채소는 마트에서 취급하는 채소보다 훨씬 신선했고, 품질이 2배는 우수했다. 그러나 약간의 문제점이 있었다.

첫째, 마트보다 가격이 비싸다.
둘째, 계산서 발행이 안 되고 전액 현금으로만 사야 한다.

일반적으로 이런 문제점이 있다면 누구나 망설이게 된다. 한 푼이라도 더 아끼고 싶은 게 어찌 보면 당연하다. 하지만, 그런 문제점이 있다 한들 그것이 우리의 철학을 흔들어 대지는 못한다. 우리는 마트보다 가격이 비싸도, 영수증이 없더라도 현금으로 그 채소를 구입하기로 결정했다. 최고의 품질을 유지할 수 있다는 믿음이 있었기에.

당신만의 철학을 세웠다면 결코 흔들리지 마라. 당장 눈앞의 이익에 연연하지 마라. 영수증이 없어도 최고의 품질을 유지할 수 있다면 기꺼이 현금으로 사라. 절세하는 금액보다 더 큰 매상이 기다린다. 더 많은 손님들이 찾아온다.

07

정성을 담은
김장김치 1,200포기

손님들께 제공되는 주 메뉴인 고기의 질도 물론 중요하지만 다른 것들 역시 중요하다. 식당의 위치, 직원의 태도, 서비스 등 역시 중요하지만, 사람들에게 "식당에 갔을 때 무엇을 제일 중요하게 고려하냐?"라고 물어보았을 때 빠지지 않고 돌아오는 답변은 바로 '밑반찬'이었다. 주 메뉴만 잘 내놓는다고 해서 백 퍼센트의 확률로 성공할 수 있는 것이 아니라는 것이다.

예를 들어, 칼국숫집에 갔는데 김치가 정말 맛이 없으면 다신 그 식당에 가지 않는다. 고깃집이라고 다를 건 없다. 모든 것에 정성을 들이고, 노력을 기울여야 하는 것은 맞다. 특히 고깃집에 꼭 필요한 반찬에 신경을 썼던 것이 장사 성공의 또 한 가지 비결이 아니었나 싶다.

내가 신경 썼던 반찬은 세 가지다.

첫째는, 파채와 신선한 치커리 무침이었다. 파채와 치커리는 즉석에서 바로바로 무쳐서 손님의 인원수대로 제공하곤 했다. 그리고 상추, 깻잎, 치커리, 쑥갓 등의 채소를 손님들께 제공하면서 손님들은 본인의 입맛대로 드실 수 있는 셀프 바도 운영했다.

두 번째는, 해물과 다시마를 우려낸 육수로 끓인 뚝배기 된장찌개였다.

고기만 먹으면 느끼하고 물릴 수 있으니 된장찌개도 무한 리필 서비스로 제공했다. 모든 고깃집에서 된장찌개가 나가지만 우리 가게는 무한 리필로 제공했을뿐더러, 뚝배기에 맛있게 끓여 냈다는 점이 장사에 유리하게 작용했던 것 같다.

세 번째는, 직접 담근 1,200포기의 김장김치다. 아무 데서나 사서 쓰지 않고 직접 담가 제공하던 김치가 손님들의 마음을 사로잡은 게 아닐까 싶다. 요즘은 시중에도 김치가 맛있게 나오지만, 직접 만든 맛은 따라올 수 없으니 말이다.

우리 고깃집은 한동안 선부동 맛집 순위에도 올라가 있었으며, 다들 "선부동 삼겹살 하면 그 집이야!"라는 말을 하곤 했다. 이런 특별하지 않지만 독보적인 비결 덕분에 우리 가게는 안산시의 생삼겹살 맛집이 될 수 있었다.

또한, 주 메뉴 외에 사이드 메뉴를 많이 늘리지 않았다. 두 마리 토끼를 모두 잡을 수는 있지만, 한 사람이 백 마리 토끼를 전부 잡는 일이란 상식적으로 불가능하지 않겠는가? 그래서 나는,

"고기 외의 메뉴에도 신경을 쓰되, 가짓수는 적게 하고, 아주 맛있게 하자."

라는 생각으로 메뉴를 많이 만들지 않았다. 삼겹살, 목삼겹살, 갈비, 냉면, 김치찌개 5개 메뉴가 전부였다. 어찌 보면 가짓수가 적다고 할 수도 있다. 하지만 적은 메뉴에 치중해서 집중했기 때문에 손님들의 마음을 사로잡는 가게가 될 수 있었다.

08

어깨에 힘이
들어간 사장

예전에 아는 지인이 내게 들려줬던 이야기 하나를 소개하려고 한다. 그분이 어느 식당에 갔다가 직접 겪은 일이라고 한다. 식당 운영을 하는 내게 많은 교훈을 안겨 줬던 이야기다.

점심시간이 한참 지난 늦은 오후, 단골 식당에 갔다가 주인과 말동무를 하게 되었다.

"사장님, 저 옆에 식당이 큰돈 들여 개업했던데 신경 쓰이시겠어요."

식당 사장님이 조심스럽게 말을 꺼낸다.

"그 식당, 오래 못 갈 겁니다."

속으로는 이 양반이 무슨 악담을 이렇게 심하게 하나 생각하면서 물었다.

"아니, 왜요? 개업 인사를 왔던 식당 주인과 여러 차례 대화를 나눴다면서요."

"그 사람, 아직도 어깨에 힘이 들어가 있습니다. '나, 이런 거 할 사람 아닌데' 하는 의식이 어딘가에 배어 있습니다. 그거 잘 안 빠집니다. 그거 안 빼면 저 식당 오래 못 갑니다. 가마솥 앞에 하루 종일 있으면 쉴 새 없이 땀이 흘러내립니다. 그런 땀에 전 내 모습을 자랑스럽게 여길 수 있어야 성공합니다. 뼛속까지 장사꾼이 되어야 성공합니다."

'그렇구나, 다 버려야 하는구나!' 하는 큰 교훈을 얻었다. 실제로 몇 달 가지 않아 그 식당은 문을 닫았다고 한다.

종전에 월급쟁이였던 분들이 장사를 시작하는 경우도 있을 것이다. 때로는 종전에 잘나가던 분들이 장사하는 경우도 있을 것이다. 그런 분들은 특히나 주의해야 한다. '나는 이런 거 할 사람 아니다.'라는 의식이 조금이라도 깔려 있다면 당장에 그만두는 게 낫다. 그렇지 않으면 그 식당은 오래가지 못한다.

그뿐만이 아니다. 식당이 잘나갈 때도 주의해야 한다. 나는 주변에서 '한때는 잘나가다가 망하는 식당'들을 숱하게 봤다. 희한하게도 '저 식당은 망하겠구나.' 하는 것이 내 눈에 보인다. 물론 내가 점쟁이는 아니다. 그런데 어떻게 그 식당의 미래가 보였을까?

식당이 망하는 원인은 매우 다양하지만, 적어도 이것 한 가지는 분명하다. 그 식당 사장의 행보가 심상치가 않은 경우다. 미리 조짐이 보이기 시작한다. 사장이 어느 날부터 바둑을 둔답시고 기원을 다니기 시작하는 경우, 사장이 어느 날부터 골프를 치러 다니면서 자리를 자주 비우는 경우, 사장이 어느 날부터 술집이나 룸살롱을 다니면서 돈을 펑펑 쓰는 경우 등등 이렇게 사장이 딴 짓거리를 하기 시작하면, 그곳은 예외 없이 100% 망한다.

망하는 경우가 또 있다. 사장이 초심을 잃었을 때이다. 이 역시 예외가 없다. 초심을 잃었는지도 미리 조짐이 보이기 시작한다. 어느 날부터 식당에서 사장이 뒷짐 지고 다닌다, 사장이 어느 날부터 손님 응대를 형식적으로 한다, 마진을 좀 더 남기려고 품질이 떨어지는 싼 원재료를 쓰기 시작한다 등등…. 이렇게 초심을 잃은 식당 역시 예외 없이 망하는 걸 숱하게 보아 왔다.

우리는 망하는 식당을 타산지석(他山之石)으로 삼아야 한다. 그리고 그 식당들에 고마워해야 한다. 왜일까? 이렇게 하면 망한다는 걸 입증해 줬으니까. 한번 망하면 너무나 치명적이라는 걸 알려 줬으니까. 우리는 그 전철을 밟지 않으면 된다. 당신은 능히 해낼 수 있다.

09

주방장에게
휘둘리면 끝

"오늘은 가게 사정으로 쉽니다."
"오늘 임시 휴업."

특별한 사정이 없음에도 불구하고 갑작스럽게 문을 닫은 식당을 보곤 한다. 아마 독자 여러분들도 가끔씩은 겪어 봤을 거다. 갑작스럽게 부모님 이 돌아가셨거나 부득이한 사정이 있을 때 이런 일이 생긴다. 그런데 임시 휴업이 연중 수시 발생한다면, 그 식당 안에서는 분명 무슨 일이 벌어지고 있는 것이다.

대개는 그 원인이 뻔하다. 사장이 일머리가 없다 보니 주방장에게 휘둘 리고 있기 때문이다. 주 메뉴를 사장이 요리할 줄 모르고 주방장만 할 줄 안다면, 이런 일이 비일비재하게 벌어진다. 매우 심각하다. 늘 주방장 눈 치를 봐야 한다. 종업원이 아니라 상전이 따로 없다.

어느 날은 사장이랑 말다툼했다고 결근을 하고, 어느 날은 술을 잔뜩 먹 고 취해서 연락조차 안 되고, 어느 날은 봉급 더 올려 달라고 시위하느라 고 안 나오고, 어느 날은 몸이 아프다고 안 나오고…. 이때 사장의 속은 타 들어 간다. 하지만 어쩌랴. 우리 식당의 제왕이신 주방장께서 저렇게 심기 가 불편하시니 임시 휴업할 수밖에….

"사장은 요리부터 식당 내 모든 것을 꿰차고 있어야 한다."

나는 요리는 참으로 자신이 없는 사람이다. 가난했지만 5남매의 막내이다 보니 어머니는 내게 궂은일을 시키지 않으셨다. 늘 해 주시는 밥, 차려 주는 밥만 먹다가 시집와서는 운 좋게도 시어머님의 살뜰한 보살핌을 받으며 살아왔기에 음식점을 오픈한다고 했을 때 모두가 내게 손사래를 쳤다.

그럼에도 불구하고, 음식점을 성공적으로 이끌어 낼 수 있었다. 그것은 바로 주방은 남편이 꽉 잡고 모든 것을 이끌어 갔고, 나는 나의 서비스직에 최적화된 고객 응대부터 회계 및 재무, 매출 관리, 시장 사입, 직원 급여 등 내가 잘할 수 있는 것에 남편이 전혀 신경 쓰지 않도록 똑순이 역할을 잘 해냈기 때문이다. 이렇게 각각 맡은 역할에 충실했던 것이 긴 세월을 잘 꾸려 온 비결이라고 여긴다.

일단 자신 있는 분야에서 일당백의 역할을 똑똑히 해 나가되 어깨너머로라도 제2의 분야에 관심을 가져야만 펑크 시 주방보조 역할이라도 해낼 수 있다는, 평범하지만 중요한 팁을 드린다.

10

손님, 삼겹살에
참이슬 드릴까요?

1994년 9월에 고깃집 개업을 하고, 바쁜 일에 직원을 한 명씩 늘리다 보니 13명까지 직원이 늘어난 적이 있었다. 그렇게 평수 대비 많은 인원을 써 보기도 했다. 돌이켜 보면 참으로 용감했던 것 같다. 세상 물정 모르는 나이에 시집을 가서 모든 사회생활을 장사로 배웠다. 사회생활 경력이라고는 유치원 교사 6개월이 전부였기에 식당의 운영과 관리에 있어서 우려가 너무나 컸었다. 물론 수많은 시행착오는 불 보듯 뻔한 일이었다. 하지만 잘 이겨 냈기에 오늘 웃을 수 있다.

주변 사람들은 내게 가끔 놀림 반 칭찬 반으로 이렇게 이야기하곤 한다.

"주희 씨는 DNA가 장사에 최적화된 사람 같아."

라고 말이다. 26세에 남편이 깔아 준 멍석에 대범하게 앉아 씩씩하게, 비록 나이는 어렸어도 늘 직원들의 입장에서 바라봤고, 나름 이해와 배려로 늘 솔선수범하려고 많이 노력했다. 지금도 물론 그렇다.

이야기를 바꾸어서, 직원이 손님을 응대하는 데 직원이 외향적이냐, 내향적이냐에 따라 많은 차이가 있다. 개인의 성향을 고치라고 강요할 수는 없다. 자기 자신이 잘할 수 있는 일을 찾아 그 일을 맡게 하여 최대한의 매출과 효과를 내고, 직원들도 스트레스받지 않게 하는 것이 정말 중요하다고 할 수 있다.

홀 직원에게는 자주 오시는 분의 '스타일'을 기억하는 것의 중요성을 나는 늘 당부했다. 직원들이 손님들의 취향을 기억하는 것이 사소해 보이지만 손님들의 호감을 사기에 참 중요한 요소로 작용했다. 예를 들어 매일 카스만 시키는 손님이 왔다면,

"오늘은 삼겹살 3인분에 카스 드릴게요."

라고 먼저 살갑게 말을 건넨다. 그럼 그분은 단골손님에서 한 단계 업그레이드되어 이른바 '충성고객' 손님이 되어 주신다. 또 목삼겹에 참이슬만 드시는 분이라면,

"목삼겹 3인분에 참이슬 맞으시죠?"

라고 먼저 여쭤보게 하는 등 멘트의 중요성을 늘 강조하곤 했다. 이것은 고깃집을 25년간 운영하며, 사소하지만 쉽게 간과할 수 없었던, 그만큼 중요한 영업 수완이기도 했다. 한 분 한 분의 '단골손님을 기억해 주기'는 정말 중요하다. 주인뿐만 아니라, 고객과의 접점에 있는 홀 직원의 고객 응대가 커다란 차이를 불러온다는 것을 기억해 주면 좋겠다.

11

손님, 더 드릴까요?

직원들이 손님들의 요구에 맞추어 움직이는 것도 좋으나, 손님들은 이른바 '재치 있는 직원'을 좋아한다. 설령 재치가 부족해도, 손님들에게 뭐 하나라도 더 챙겨 주거나 더 나은 서비스를 누리게 하려는 그 '마음'이 중요한 것이다. 그래서 나는 직원들이 손님에게 파채, 치커리 같은 밑반찬을 하나 주더라도 손님이 요구하기 전에 먼저 드리게 했다.

"손님, 파채 더 드릴까요?"
"손님, 치커리 무침 더 드릴까요?"
"손님, 상추와 깻잎 더 드릴까요?"

나는 직원들이 손님들께 저런 질문을 하는 것을 중요하게 생각했다. 그래서 직원에게 채소 그릇과 집게를 들고 가게 안을 돌면서 채소가 떨어진 곳에 더 드릴지, 말지를 늘 여쭤보도록 교육했다. 상추나 깻잎 등의 쌈 채소가 떨어지기 전에 테이블마다 가져다드리도록 교육하기도 했다.

이는 매출을 올리는 방법과 관련이 있는데, 사람들은 보통 고기를 먹다가 고기가 부족해 흐름이 끊기면 더 주문하지 않는다. 예를 들어, 세 사람이 와서 고기 3인분을 시켰다. 그럼 고기가 다 떨어졌을 때 주문을 받는 것이 아니라, 고기가 한두 장 정도 남았을 때,

"손님, 삼겹살 2인분만 더 드릴까요?"

"손님, 갈비 2인분만 더 드릴까요?"

라고 여쭤보는 것이다. 그럴 때 손님들은 본인들이 시킨 고기가 얼마 남지 않은 것을 보고 고기를 더 달라고 하게 된다. 이것은 고깃집의 중요한 영업 전략이기도 하다. 고기의 흐름이 끊기지 않는 것이 중요하고, 그래야 손님도 더 맛있게 드실 수 있다. 이 방법은 일석이조의 효과를 볼 수 있는 것이다.

식사 중 누군가가 찾아오거나, 전화를 받고 난 후 식사하려고 하면 입맛이 뚝 떨어져 본 경험이 있을 것이다. 이 사소한 질문으로 인해 매출의 높낮이에는 확연한 차이가 생기게 된다. 식사 중 흐름이 끊어지기 전의 추가 주문은 중요한 팁이다. 고깃집을 운영할 예비 창업자라면 꼭 염두에 두어야 할 중요한 노하우이기도 하다.

12

서비스 하나에
단골이 늘어난다

나는 고깃집 이후, 본설렁탕을 운영하며 코로나를 겪었다. 코로나가 한창 유행할 시기에는 배달 주문이 정말 많았다. 그렇기에 어쩔 수 없이 온라인상의 홍보와 마케팅으로 고객 유치를 해야만 하는 상황이었다.

본사에서 그때의 힘든 상황을 함께 이겨 낼 수 있게 많은 지원을 아끼지 않았던 것이 고마운 기억으로 자리 잡았다. 당시 나는 설렁탕을 시킨 뒤 후기를 쓰면 음료수나 만두를 드리는 이벤트를 했었다. 본사가 지원해 주는 배달 쿠폰 발행을 통해 단골을 확보하고, 손님을 유치하기도 했다.

과거 고깃집을 할 때는 매장 고객이 대부분이었기에 온라인에서 이루어지는 모든 것들을 현장 서비스로 대신했다. 예약 당일 단체 예약하신 분의 이름과 전화번호를 반드시 메모하게 해서 그분이 돌아가실 때 고기 조금과 채소, 파채 등을 포장하여 따로 드리곤 했다.

"○○○님, 오늘 대표로 예약해 주셔서 감사합니다. 고기와 야채는 집에 계시는 사모님께 드리세요."
"○○○님, 예약해 주셔서 감사해요, 찌갯거리예요. 1등급입니다."
"삼겹살 좋아하셔서 조금 포장했습니다."

또한, 가게에 자주 오시는 단골분들께는 돼지고기 특수부위를 드렸다. 항정살(성대)을 한 테이블당 100g~200g씩 서비스로 드리곤 했다. 다른 음식점에서 맛볼 수 없는 A+++급으로 말이다. 이것은 우리 가게에 아주 오래 다니신 단골손님께만 드리는 특별 서비스였다.

정리하자면, 고깃집을 운영할 때는 단체 예약을 하신 예약자분께 서비스를 드리고, 자주 오시는 분들께는 특수부위를 제공해 단골손님을 유치하는 방법으로 영업했다. 다만, 이러한 영업이나 홍보는 지금은 어려운 환경이다. 물가는 자꾸 오르고, 인건비 역시 물가에 따라 오르기 때문이다.

앞서 했던 이야기가 먼 옛날의 이야기 같지만 불과 몇 년 전까지 저러한 영업 방법으로 많은 단골손님과 소통했고, 그런 방법 덕에 가게는 늘 북적이곤 했다. 코로나의 영향과 물가 상승의 영향으로 달라진 현재, 저 시절이 가끔 그립기도 하다.

13
당신은 사업가가
맞습니까?

저게 저절로 붉어질 리는 없다
저 안에 태풍 몇 개
저 안에 천둥 몇 개
저 안에 벼락 몇 개

저게 저 혼자 둥글어질 리는 없다
저 안에 무서리 내리는 몇 밤
저 안에 땡볕 두어 달
저 안에 초승달 몇 날

장석주 시인의 시 「대추 한 알」이다. 내가 개인적으로 좋아하는 시다. 대추 한 알이 열리기까지 많은 비바람과 노력이 필요함을 함축적으로 담은 시이다. 우리는 고기 한 점이라도 반찬 한 점이라도 이런 노력이 필요하다.

우리 가게도, 우리 식당도, 우리 사업도 마찬가지다. 씨를 뿌리고 나면 '그만큼 가꿔야' 결실을 얻을 수 있다. 씨를 뿌리자마자 결실이 맺어지지 않는다. 결실을 얻기까지는 시간이 걸린다. 인고의 시간이 필요하다. 열매가 맺을 거라는 믿음과 함께 꾸준히 가꿔 나가야 한다. 그게 농부의 마음이요, 사업가의 마인드다.

사업가라면 적어도 경영철학이 있어야 한다. 경영철학은 기업만이 필요한 게 아니다. 작은 가게일수록 경영철학과 신념이 필요하다. 이 책에서 강조하듯이 나는 재료에 대한 품질만큼은 절대 양보하거나 타협하지 않는다. 조금 더 싸다고 해서 그 유혹에 흔들리지 않는다. 이런 식의 확고한 신념과 철학이 있어야 지속 가능한 성공한 가게가 될 수 있다.

그리고 조그마한 가게도 변화 혁신의 마인드가 필요하다. 이러한 마인드에 근거해서 나는 그렇게 자신 있어 하던 삼겹살집을 25년 만에 접었던 것이다. 시대가 변했다. 요즘은 나이가 드신 분들이 건강을 더 챙기기 때문에 고기 섭취 횟수가 줄어들었다. 반면에 20대~40대 초반의 젊은 층이 외식 분야에서 고기를 많이 먹는 추세이다. 젊은 층을 공략하되 중장년층까지 아우를 수 있는 메뉴가 뭘까 고민했다. 그건 바로 일상식이었다.

그렇게 변화를 감지하고 선택한 브랜드가 바로 설렁탕이었다. 나는 2019년에 본설렁탕으로 업종을 변경해서 장사하기 시작했다. 프랜차이즈로 업종을 변경한 것은 정말 큰 변화였다. 내가 소유주지만 소유주가 아닌, 늘 본사의 지시를 받고 관리를 받으며 본사와 함께 어려움을 극복해 나가야 했다.

업종을 변경하기 전 통계청 사이트 자료를 꼼꼼히 살피고, 본 아이에프 그룹의 경영철학과 비전을 탐색했다. 프랜차이즈 특성상 작은 것에 흔들림이 없고, 지침대로 움직이는 것, 원칙을 고수하는 것 등이 마음에 들었다. 본설렁탕의 육수는 잡내가 하나도 없고, 굉장히 깊고 진하다. 본설렁탕은 육수에 백·홍·황의 세 가지 맛이 있다. 이 세 가지 맛을 모두 시식하고, 나름대로 평가하고 심사숙고해서 결정한 브랜드였다. 조금만 노력하면 진짜 성공할 수 있겠다는 확신이 생겼다.

지금 당신이 하고 있는 그 사업은 누가 강요한 적이 없다. 스스로 선택한 것이다. 지금도 늦지 않았다. 나의 경영철학을 뒤돌아보자. 없다면 만들자.

[현재 필자가 운영 중인 본설렁탕 안산선부점]

14

동네 주민은 다
나의 잠재 고객

내가 알고 지내는 한 지인이 겪었던 일이다. 그녀는 대한민국 부의 상징이라고 하는 '도곡동 타워팰리스'에서 공인중개사 사무실을 운영했다. 아주 평범한 서민으로 살았던 사람이고 그 지역에는 살아 본 적도 없고 연고도 없어서 그곳에서 복덕방을 운영하는 게 쉽지는 않았다. 하지만 그녀는 지금 보란 듯이 큰돈을 벌었고, 외제차를 굴리고 다닌다. 도대체 무엇을 어떻게 했길래 그런 일이 벌어졌을까? 그 비밀을 파헤쳐 보자.

그녀는 처음에 모든 것이 막막하기만 했다. 당연히 거래 실적은 제로였다. 우선은 고객 확보가 시급했다. 그래서 근처 어디를 가든 주민들을 만나면 밝은 표정으로 인사를 했다. 활기찬 말투와 정감 어린 말투로 주민들을 대했다. 인근에 있는 주민 모두가 잠재 고객이기 때문이다.

"안녕하세요? 사모님, 더 젊어지신 거 같아요."
"우와~ 강아지가 예쁜 짓을 너무 많이 하네요."
"아들이 아주 듬직해 보이네요. 정말로 대견하시겠어요."

이렇게 날마다 밝은 표정과 미소로 주민들을 대했다. 주민들과 마주치기 위해 일부러 주변을 어슬렁거리기도 했다. 처음에는 어색해하던 분들도 시간이 흐르면서 먼저 인사를 건네기도 했다. 서서히 아는 사람이 늘어나기 시작하더니, 가끔씩은 복덕방에 놀러 와서 수다도 떨고 갔다. 부동산에 대해 궁금한 게 있으면 언제든지 와서 물어보곤 했다.

상당한 시간이 흐를 때까지 거래가 없더니, 어느 순간 폭발하기 시작했다. 기왕이면 아는 중개사한테 맡기려고 했다. 기왕이면 믿을 만한 중개사한테 의뢰하려고 했다. 기왕이면 밝고 활기찬 중개사와 거래하려고 했다. 기왕이면 친절한 중개사에게 의지하고 싶어 했다. 그런 사람들이 줄을 이었고, 심지어 소개까지 이어지기 시작했다.

이것이 그녀의 성공 비밀이다. 이제 감을 잡으셨는가. 밝은 표정과 미소 그리고 활기찬 인사는 밑천이 안 들지만, 천금 그 이상의 가치를 지닌다. 그녀의 성공 비밀에 대해 막상 들어 보니 그 노하우는 별거 아닌 것 같다는 생각이 든다. 아주 작고 사소한 듯 보이지만, 그것이 쌓이고 축적이 되니 놀라운 힘을 발휘한 것이다.

이처럼 타 분야에서의 성공 사례도 우리에게는 배울 점이 있다. 이 책을 읽는 독자 여러분도 서비스업에 종사하고 있지 않은가. 주변에 있는 모든 주민들이 다 나의 잠재 고객이 될 수 있음을 명심해야 한다. 그러니 늘 밝은 표정과 미소로 주민들을 대하자.

인사성은 일종의 습관이다. 사람을 마주하고 고개 숙여 먼저 인사를 하는 사람은 기본이 되어 있는 사람이라고 할 수 있다. 누군가와 마주쳤는데 못 본 척 쌩 지나가 버리는 사람을 경험해 본 적 있지 않은가? 그럴 때는 뭐랄까, 기분이 나쁘면서도 "아, 저 사람은 나를 보고서도 인사를 안 하는 사람이구나!"라는 인상이 고착되어 나 역시 인사하기가 싫어진다.

그래서 나는 직원을 뽑을 때 의사소통의 가장 기본이 되는 인사성을 본다. 홀에 들어올 때 "안녕하세요?"라고 큰 소리로 또박또박 소리 내어 인사하는 사람을 우대하게 되는 것이다. 결국 사업도 사람이 하는 것인데 됨됨이가 안 되어 있는 사람이 일한다면 성공할 수 있을까? 나는 절대 아니라고 생각한다.

성공하는 사람은 모두 인사성이 밝다는 사실을 알고 있는가? 인사조차 엉성하게 하는 사람이, 자기 일인들 정성을 들여서 하겠는가? 나는 이 역시 아니라고 생각한다. 성공하고자 하는 사람이면 모든 일에 앞서 밝게 인사하는 습관부터 들여야 할 것이다. 인사는 타인과 나를 이어 주는 끈이자, 인간관계의 기본이기 때문이다. 또한 인사에 인색한 사람을 기업이 선호할 리도 없고 말이다.

새로운 가족을 찾는 일도 그렇다. 아무리 우리 가게가 제시한 조건과 부합해도 첫째로 인사성이 확보되어 있지 않으면 그 사람을 채용하지 않는다. 인사성은 그만큼 중요한 것이고, 제일 짧은 시간에 그 사람을 제일 잘 보여 줄 수 있는 하나의 지표가 되기 때문이다.

"안녕하세요, 사장님."

"사장님! 오랜만에 뵙네요."

나는 늘 동네에서 열심히 인사한다. 선부3동에 사는 모두가 우리 매장의 손님으로 오실 수 있는 잠재 고객이기 때문이다. 인사 한마디는 기회비용을 줄여 주는 고객 유치의 방법이 된다. 또한 그 한마디만으로도,

"그 사람은 참 인사성이 밝아. 인간 됨됨이가 잘되어 있는 사람이야."

라는 평으로 호감을 얻을 수 있다.

서비스업에 뛰어들고 난 뒤부터 나의 인사성은 일종의 습관이 되었으며, 생활화되었다. 이는 영업에만 적용되는 것이 아니다. 힘들어도 한 번 웃어 보고, 인사를 하면 행복해지기 마련이다.

어제도 오늘도 내일도 나는 만나는 모든 분께 밝게 인사를 할 것이다. 상대방이 고객이 되어 준다면 더할 나위 없이 좋겠지만, 굳이 고객이 되지 않아도 좋다. 밝은 표정과 활기찬 인사는 나로 하여금 엔도르핀이 솟게 해 준다. 오늘도 나는 웃어서 행복하다. 그래서 나는 오늘도 만나는 누군가에게 먼저 인사를 건넬 것이다.

15

엔도르핀
넘쳐나는 사장님

우리 아파트 18층에 거주 중인 한 사모님이 계신다. 그 사모님은 아침이든 오후든 늦은 저녁 시간이든, 만나면 없던 힘도 생기게 만드는 에너지를 지니고 있다. 우리 가족과 같은 층에 거주하는 모든 사람들을 향해 아주 밝게 인사해 주시기 때문이다. 그 사모님은 아주 시원시원한 목소리로,

"안녕하세요!"
"오늘 날씨 참 좋아요."
"점심 식사는 맛있게 하셨나요?"
"강아지 이름이 뭐였죠?"

등의 안부 인사를 하곤 하신다. 기분이 나쁘다가도 그 인사를 들으면 한순간 짜증이 눈 녹듯 녹아 버리곤 했다. 그래서 우리 가족은 그 사모님을 '엔도르핀 사모님'이라고 부르는데, 우리 가족이 부르는 일종의 애칭이기도 하다.

그 사모님에 관한 이야기를 들었을 때, 나는 조금 놀랐다. 이분의 밝은 인사는 그녀가 암 선고를 받고 난 뒤 모든 것을 긍정적으로 바라보려는 생각과 그분이 가진 종교에서 기인한 것이었기 때문이다.

뭐가 되었든, 이 엔도르핀 사모님을 만나게 되면 저절로 입가에 미소가 걸리고, 나도 그녀와 같이 아주 밝게 웃으며 인사를 하게 되었다. 아마 우리 건물에 사는 입주민 역시 대부분 나와 같은 생각일 것이다. 얼굴을 마주 보고 인사만 했을 뿐인데 기분이 좋아지는 마법 같은 힘을 그 사모님은 가지고 있는 것이다.

내가 직원을 채용할 때도, 그 사람의 첫인상을 결정할 때도 정말 중요시하는 것이 하나 있다. 그 사람의 인사성을 보고 첫인상을 결정한다는 것이다. 가게 문을 열고 들어오는 순간 서로 마주하고 하는 그 첫인사를 보고 말이다. 홀에서 고객 응대를 맡는 분을 뽑을 때는 항상 심사숙고해서 뽑아야 한다.

일단은 인사성과 친절함이 최우선 조건이 된다고 볼 수 있다. 앞서 언급한 '엔도르핀 사모님'처럼 인사만으로 사람을 기분 좋게 만들어 주는 사람이 우리 가게에 그 누구보다 잘 맞는 사람이라고 할 수 있을 정도로 말이다.

16

안녕하세요,
본설렁탕입니다

"요즈음은 개나 소나 다 삼겹살집을 하는구만."

지인이 우리 가게에 들러서 했던 말이다. 그렇다. 우리가 운영하던 생고기 전문점이 잘되다 보니 주변에 고깃집이 무려 12개씩이나 문을 열었다. 그들과 눈에 보이지 않는 전쟁을 치열하게 해야만 했다. 조금 과장하자면 '피 튀기게' 했다. 주변 고깃집과 아무리 차별화된 영업 전략을 고수해도 우리 가게는 타격을 받을 수밖에 없었다. 날마다 벌어지는 전쟁에서 남는 건 상처뿐이었다.

이때 거시적인 안목으로 살펴봤다. 조그마한 상권이라는 파이 하나를 놓고서 서로 찢어 먹기를 하고 있는 내 모습을 발견했다. 지금의 상권에서 고깃집은 그야말로 포화 상태였던 것이다. 우직하게 밀고 나갈 일이 아니었다. 과감한 시도와 변신이 필요한 시기였다.

그래서 업종 변경을 과감하게 결정을 했다. 수도 없이 많은 고민을 했다. 끊임없는 손품과 발품을 팔아 얻은 결론은 프랜차이즈였다. 그렇게 프랜차이즈 창업에 관심을 갖게 되었고, 발품을 팔아 가며 많은 탐색 끝에 선택한 브랜드가 '본설렁탕'이었다. 프랜차이즈 창업을 할 때는 나름대로 선택 기준이 있어야 한다.

나는 다음 네 가지의 믿음이 절대적으로 중요하다고 본다.

첫째, 회사에 대한 믿음이다. 회사가 나를 충실히 도와서 상호 원원 (Win-Win)할 수 있는 회사라는 믿음이 있어야 한다. 그냥 가맹점비나 받아먹고 인테리어로 자기들 배만 불리는 부도덕한 회사가 아닌지 철저히 따져 봐야 한다.

둘째, 시스템에 대한 믿음이다. 맥도날드가 전 세계적인 프랜차이즈로 발돋움할 수 있었던 것은 업주를 도와주는 시스템이 완벽했기 때문이다. 이 시스템이 잘 구축되어 있다면 초보자라도 그대로 따라 하기만 하면 된다.

셋째, 음식 맛에 대한 믿음이다. 과연 품질이 최고인지, 타의 추종을 불허하는지, 전 세대를 아우를 수 있는지 따져 보고 또 따져 봤다. 음식 맛에 대한 믿음을 넘어 브랜드가 확고하다면 더 이상 바랄 게 없다.

넷째, 내가 성공할 수 있다는 믿음이다.

이것이 내가 선택하는 기준이었다. 이 요건이 충족되지 않는다면 해당 프랜차이즈 창업은 접는 것이 좋다. 나는 '본설렁탕'이 그 기준에 부합한다고 판단을 했다. 그래서 과감하게 선택했다. 선택의 결과는 성공적이었다고 생각한다. 나날이 성장과 발전을 해 가고 있으니까. 본설렁탕을 창업하는 분들이 우리 매장으로 수시로 벤치마킹을 올 정도다.

음식점을 운영하는 사장님이라면 특히 프랜차이즈를 운영하는 사장님이면 누구나 고민되는 순간이 있다. 아마도 적지 않은 충동이 나를 끊임없이 유혹할 것이다.

"본사에서 제공하는 비싼 원재료만 써야 하나? 더 싼 원재료를 쓰면 어떨까?"

"현금을 받을 때는 매출에서 누락시키면 어떨까?"

"내가 직접 육수를 뽑아 쓰면 어떨까?"

"내가 직접 고기도 삶으면 어떨까?"

나도 그랬듯이 누구에게나 이런 유혹이 찾아오는데, 결코 흔들려서는 안 된다. 회사에서 하는 방식은 '이미 입증된 시스템'이다. 입증된 시스템을 따라 하는 것이 성공의 지름길이요, 지속 가능한 길임을 명심해야 한다. 멀리 보아야 한다.

산에 오를 때 이미 많은 사람들이 다닌 입증된 등산로를 다니면 힘들지 않게 정상에 도달한다. 더구나 가이드까지 있다면 금상첨화다. 그러나 우리 눈에는 정상을 향해 직선으로 오르는 게 더 빨라 보인다. 직선으로 올라가려면 수많은 가시덤불을 헤치고 가야 한다. 길도 없는 곳에서 헤매다가 결국 미아가 되고 만다. 입증된 등산로가 바로 '시스템'이고, 입증된 가이드가 바로 '회사'라는 점을 명심해야 한다.

프랜차이즈 창업 초기에는 아무리 브랜드가 있는 곳이라고 해도, 여느 가게를 창업할 때처럼 많은 홍보를 해야 한다. 본설렁탕을 차리고 나서는 가는 곳마다 만나는 분들께 이야기를 한다.

"우리 가게에 와서 식사하고 가세요."

"보약 한 그릇 드셔야죠."

물론 브랜드에 대한 자부심과 음식의 질에 자신이 있는 것도 맞지만, 지금은 홍보의 시대이기도 하기 때문이다. 홍보를 할 때에는 내가 직접 발로 뛰기도 한다. 오프라인 영업의 일종이다. 바쁜 피크 타임 전에는 길거리 마케팅도 나갔다. 사람들이 메뉴를 고민하고 선택하는, 점심시간 20~30분 전을 많이 활용했다.

유니폼과 모자를 착용한 다음 전단지로 사람들의 눈길을 끌고, 한번 드셔 보도록 발품 파는 일도 중요했다. 코로나19 시기의 나의 영업 필살기였다. 병원, 대형 매장 앞 등 사람들이 많이 지나다니는 쪽을 공략했다. 영업을 하게 되면 본설렁탕의 기본 9가지 메뉴가 담긴 전단지를 들고 나간다. 본설렁탕 모자와 셔츠, 앞치마를 입고, 깔끔한 운동화를 신고, 직원과 함께 아침에 20분씩 홍보를 나갔다. 그리고 쾌활한 말투로 외쳤다.

"안녕하세요. 본설렁탕 안산 선부점입니다."
"오늘 점심 식사는 정하셨어요? 이 전단지 들고 오시면 맛있는 불만두를 서비스로 드릴게요."

가까운 거리의 병원에서도 전화 주문이 자주 들어왔다. 의료진분들이 밖으로 나오는 시간이 아까워서 점심시간에 맞추어 미리 전화를 주는 것이다. 예를 들어 배달 시간이 12시 50분까지라고 하면, 시간을 정말 정확하게 지켰다. 배달 라이더를 통해 음식을 보내게 되면 피크타임에 시간을 지키기가 정말 어려워진다. 그렇기에 가게 인근은 무조건 내가 직접 배달을 나가거나 남편이 배달을 했다.

우리 설렁탕 브랜드에 대해서 나는 자부심이 있다. 내가 순식간에 이 브랜드에 빠진 것처럼 고객들도 빠지게 할 수 있다는 확신이 있다. 그래서 홍보도 열심히 하고, 지인들한테도 꼭 드셔 보라고 권한다. 심지어는 사우나에 가서도, 헬스장에 가서도, 조금만 아는 사이여도 홍보를 한다. 과거 고깃집에서는 해 보지 않았던 시도이다. 브랜드에 대한 자부심이 없다면 그리하기가 쉽지 않았을 것이다. 그래서 나는 오늘도 홍보에 최선을 다하고 있다.

혹시 프랜차이즈를 검토하고 있는가. 그렇다면 위의 네 가지 기준에 맞는지 철저하게 따져 보라. 그리고 일단 선택했다면, 믿음을 갖고 따라가자. 분명 성공의 길로 안내해 주리라 확신한다.

17

임계점을 극복하라

"몇 달이 지나도록 매출이 왜 안 오르지? 이거 속은 거 아니야?"

"가맹점은 배곯고, 본사만 배 불리는 거 아닌가?"

"도대체 언제까지 기다려야 하는지, 앞이 안 보이네."

프랜차이즈를 오픈하고 얼마 후에 들었던 생각이다. 내 기대치가 처음부터 높았던 모양이다. 아마도 처음 오픈하는 분들은 누구나가 조급한 마음에 이런 고민을 한두 번쯤은 해 보지 않았을까. 당장 때려치우고 싶은 마음도 가끔씩 들었었다.

나는 학교 다닐 때 시험을 앞두고 당일치기로 공부를 해 본 적이 있다. 아마도 독자 여러분들도 그런 경험이 있을 거라고 믿는다. 그렇게 당일치기로 공부를 하면, 암기 과목은 시간에 비례해서 성적이 우상향한다.

하지만 소위 '국·영·수(언·수·외)'는 벼락치기로 공부를 해도 성적이 바로 오르지 않는다. 계속 바닥을 긴다. 그렇게 바닥을 기고 있을 때 포기하지 않고 꾸준히 하면 어느 순간 폭발적으로 성장을 한다. '국·영·수'는 그렇게 계단식으로 성장한다. 그러나 성적이 안 오른다고 해서 중간에 포기해 버리면 아무런 일도 벌어지지 않는다. 결코 성적 상승을 기대할 수 없다.

가맹점도 내 사업이다. 오직 본사만 바라보면서 뭔가를 해 주기만 바란 다면, 아직도 월급쟁이 근성에서 못 벗어난 거다. 혹시 벼락치기로 조금 해 보고 나서 매출이 안 오르는 것을 본사 탓만 하고 있지는 않은가. 마치 학교 다닐 때 국 · 영 · 수 성적이 안 오른다고 선생님 탓을 하는 것과 마찬 가지다.

내 노력이 뒷받침되어야 한다. 가맹점도 내 사업을 하듯 치열한 노력이 바탕이 되어야 한다. 거저먹으려 해서는 안 된다. 세상의 어떤 일도 요령 과 벼락치기로 성공할 수 있는 건 없다. 나는 1년 6개월이 지난 뒤에야 비 로소 손익분기점에 도달했다. 그때부터 폭발적으로 성장했다. 꾸준한 노 력이 비범함을 창출한 것이다.

가맹점 사업에는 분명 '임계점'이 있다. 그것을 극복해야 한다. 물은 99 도까지는 결코 끓지 않는다. 거기에 1도만 더하면 100도가 되어 끓는다. 바 로 액체가 기체로 바뀌는 순간이다. 그 순간이 바로 '임계점'이다.

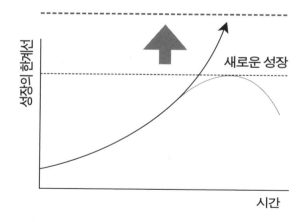

꾸준한 노력이 쌓이고 축적되다 되면, 어느 순간 비약적인 성장을 한다. 나는 임계점에 도달하기까지 무려 18개월이 걸렸다. 긴긴 세월 왜 그렇게 매출이 안 오르는지 정말 답답했다. 하지만, 나 자신을 믿었다. 회사를 믿었고, 시스템을 믿었다.

그리고 부지런히 움직였다. 아니, 치열하게 움직였다. 손품·발품·말품 다 팔았다. 당시에 몸무게가 무려 4kg이나 빠졌었다. 본인의 노력 여하에 따라 그 기간이 길어질 수도 있고, 단축될 수도 있을 것이다.

예전에 즐겨 보던 TV 프로그램이 있었다. 지금은 종영을 했지만, 백종원 대표가 진행했던 〈골목식당〉이다. 백 대표가 전국의 골목을 누비면서 어려운 식당을 돕는 프로젝트다. 요리를 맛있게 하는 비법도 가르쳐 주고 식당을 운영하는 노하우까지 아낌없이 공개해 준다. 그래서 그 식당이 잘 될 수 있게 도와주는 프로그램이다. 사회적 가치를 실현하는 참으로 유익한 프로그램이다.

그런데, 백 대표는 늘 칭찬만 하는 게 아니다. 때로는 쓴소리도 마다하지 않는다. 그중에 내 눈길을 확 끄는 장면이 있었다. 식당 사장의 마인드와 노력에 대해 질타하는 장면이었다.

"속성 과외하듯 배운다고 되는 게 아니다. 요령과 벼락치기로는 성공할 수 없다. 음식 장사는 뼈를 깎는 자신과의 싸움의 연속이다. 가슴에서 우러나지 않으면 그만둬라."

그렇게 꾸준한 노력이 없는 사장을 질타했다. 그렇다. 꾸준한 노력 없이 어찌 변곡점을 돌파할 수 있을까?

성공할 수 있다는 믿음이 흔들리는가? 나에 대한 믿음이 흔들리는가? 본사에 대한 믿음이 흔들리는가? 지금 매상이 안 올라서 조급한가?

내 사업은 암기과목 공부하듯 벼락치기로는 안 된다. 마치 국·영·수 공부하듯 포기하지 말고 꾸준히 해야 한다. 믿음을 갖고 꾸준히 행동에 옮기길 권한다. 오늘도 내일도 모레도 그렇게 하라. 어느 순간 임계점에 도달하리라고 확신한다. 어느 순간 비약적인 성장이 찾아온다.

세상의 가장 위대한 재능은 꾸준함이다. 꾸준함이 비범함을 창출한다. 임계점이 올 때까지 결코 포기하지 말라. *Never Give Up!*

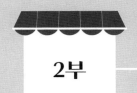

2부

마음을 얻으면
돈이 보인다

마음을 얻으면
돈이 보인다

우리는 매번 사람들을 만나며 살아간다. 서로 대화하고, 교류하고, 상호 작용하며 남에게서 무언가를 배우고 느끼며 살아가는데, 특히 장사를 하며 그런 것들을 많이 배운 것 같다. 사람에게 갖는 믿음이란 게 얼마나 중요한지, 상호 간에 지키는 예의라든가, 그 밖에 사소한 것들이 얼마나 중요한지를 말이다.

28년간 장사를 해 오면서 사장이라는 타이틀이 주는 벽을 늘 깨트려 보기 위해 노력했다. 벽을 깨트린다는 것은 쉽고도 어려운 일이기도 했다. 오해가 오해를 낳고, 그래서 직원과 부딪치는 일들도 생길 수 있었지만 지혜롭게 이겨 냈다.

"역지사지로 생각해 보자."
"직원 만족이 고객 만족을 이끌어 낸다."
"마음을 얻어야 내 편이 된다."

이러한 문장은 너무나 귀한 함축적 의미가 담긴 말이다. 비록 작은 음식점이었지만, 그렇기 때문에 더더욱 직원과의 소통에 있어서 서로 간의 대화가 정말 중요했다. 늘 직원의 마음을 잘 헤아려 좋은 사장이 되고 싶다는 마음이 컸다. 그렇기에 말 한마디 한마디에 진심과 신념을 담는 그릇이 큰 주인이 되고 싶었다. 그 마음가짐이 정말 중요하다는 것을 하루도 빠짐 없이 상기하며 살았다.

"내가 직원이었다면 이런 말을 들었을 때 어떤 기분일까?"
"내가 직원이었다면 이런 것이 속상했겠다."
"내가 직원이었다면 이런 점이 불편했겠다."

이렇게 의식적으로 생각해 보고, 나 자신에게 직접 질문을 던져 보곤 했다. 장사는 인간관계의 연속이다. 잊지 말아야 할 것은 '모든 것들은 인간관계에서 시작된다'는 것이다. 사람과 사람 간의 신뢰를 쌓는 일종의 작업 역시 장사에 포함되는 것이며, 그것이 제일 중요하게 작용하는 것이다.

2부에서는 약육강식 자본주의의 섭리를 냉정하게 바라보며 이 글을 읽는 당신이라면 그에 따라 무엇을 변화시켜야 하는지, 어떻게 직원과 소통하고 그들을 이끌어 가야 하는지, 사람의 마음을 얻어 내는 상생의 비밀을 함께 나누고 싶다. 이 냉정한 현실에서 기인한 내 생각이 도움이 되길 바라며, 모든 소상공인과 자영업자 사장님들이 상부상조하며 함께 잘 살아가는 또 다른 시대가 열리길 바라는 작은 소망이기도 하다.

01

상추를 내 얼굴에
집어던진 남편

"도대체 그 자식에게 뭘 어떻게 했길래 그놈이 당신한테 추파를 던지고 그래?"

이 말이 끝나기가 무섭게 남편은 한 보따리가 넘는 상추를 내 얼굴에 집어 던졌다. 너무나 억울했다. 너무나 분했다. 분한 마음에 밤새 잠 못 이루고 흐느껴 울었다. 상추로 맞아서 아픈 것이 아니라 내 마음을 몰라주는 남편이 야속해서 울었다.

사건의 전말은 이렇다. 생고기촌 식당을 운영할 때의 이야기이다. 시화공단에 ○○제약회사 사장님은 가끔 일본의 바이어들이 오는 날에 우리 식당으로 식사하러 오셨다. 그날도 바이어 두 분과 사장님, 그리고 부장님이 오셔서 식사를 하셨다. 친절과 서비스 정신으로 무장한 나는 바쁜 직원들을 대신하여 그 팀을 맡았고, 최대한 친절하게 응대해 드렸다.

문제는 식사를 마치고 난 다음의 일이었다. 바이어 중 한 분이 갑자기 나를 지목해서 제약회사 사장님과 실랑이를 벌이고 있는 것이었다. 그 내용인즉슨 내 친절함이 너무 마음에 드는 나머지, 나와 데이트를 하고 싶다는 것이었다. 식사를 마치고서도 가시지 않는 분들과 정중하게 말씀을 나눈 뒤, 그분들을 보내 드리고 나니 남편은 이미 화가 많이 나 있었다. 몹시

격분해 있는 상태였다.

"당신은 과잉 친절이 문제야."
"오지랖은 왜 그렇게 넓어?"

이런 식으로 내게 퍼붓기 시작했다. 끊임없이 기분 나쁜 티를 냈다. 직원들이 모두 퇴근하고도 2차 설전을 벌이게 되었다. 그렇게 말다툼을 하다 남편은 화가 난 나머지 싱크대 선반에 있는 상추 한 보따리를 나를 향해 통째로 던져 버렸다. 그래서 밤새 잠을 못 자고 울었던 것이다.

나는 손님이 오면 늘 내 가족 이상으로 친절하게 대하려고 노력한다. 그것이 아마도 오해를 불러일으켰나 보다. 하지만, 나는 지금도 그러한 친절이 잘못됐다고 생각하지는 않는다. 여전히 나는 친절하다. 지금도 본설렁탕에 출근해서 서빙을 할 때면 웃는 얼굴로 손님을 맞이하고, 손님들의 얼굴에도 웃음꽃이 피는 것을 보면 기분이 좋다.

가끔은 아기를 데리고 오는 젊은 엄마들이 있다. 아기 엄마들은 온 신경이 아이에게 가 있다. 나도 애를 키워 봐서 잘 안다. 어린아이에게 밥을 한 수저라도 더 먹이려는 엄마의 간절함이 눈에 보인다. 그렇기에, 아이를 데려오는 손님께는 더 살뜰한 배려와 서비스를 제공하려 노력한다. 이러한 이야기가 제 공치사처럼 들릴 수도 있겠지만, 방문자 리뷰를 보면 여사장님의 친절에 대한 이야기들이 올라와 있다.

나는 '과잉 친절'이라는 말에 동의하지 않는다. 시대가 많이 바뀌었다. 지금은 '고객 만족'을 넘어 '고객 감동'의 시대다. 아니, 혹자는 '고객 졸도'까지도 필요하다고 이야기한다. 나를 한번 돌아보자. 여러분은 과연 어떠한 마음으로 고객을 대하고 있는가?

02

마음을 얻어 낸
편지 한 장

한참 잠이 든 오밤중에 전화벨이 울렸다. 깜짝 놀라 받아 보니 매장 직원이었다. 상대방에게 얘기를 듣기 전부터 무슨 사고가 났나 걱정부터 앞섰다. 그녀는 울먹이면서 말했다.

"저를 이렇게까지 생각해 주는지 몰랐어요. 저는 그런 줄도 모르고 사장님을 오해했어요."

내가 보낸 편지를 보고 매우 감동했다고 한다. 실례가 되는지 알면서도 당장에 본인의 마음을 표현하고 싶어 한밤중이지만 전화를 했다는 것이다.

"우리 딸내미가 '요즘 세상에 이런 식당이 어딨냐'고 하면서, 정말 고마운 사장님이라고 하네요."
"이제껏 많은 가게에서 일해 봤지만, 애정이 담긴 손편지를 받아 본 건 처음이에요. 완전 깜놀입니다."

편지를 보내고 나서 이런 얘기들도 들었다. 센스 있는 독자는 무슨 말인지 벌써 눈치를 챘을 것 같다. 여러분의 짐작이 맞다. 나는 우리 직원들에게 꾸준히 편지를 써 왔다. 진심을 담아 전했다. 그래서 나는 아름다운 도둑(?)이 되었다. 직원들의 마음을 훔치는 도둑, 그것도 상습범이다. 직원들의 마음을 훔치면 매장은 언제나 활기가 넘친다.

식당의 매출은 고객으로부터 나온다. 고객의 매출은 직원의 만족으로부터 나온다. 직원이 만족하면 고객을 대하는 태도가 다르다. 직원이 만족하면 없던 센스까지 발휘한다. 직원이 만족하면 표정이 다르다. 직원이 만족하면 단골이 많아진다. 사장 한 사람만 잘하면 된다는 생각은 큰 오산이다. 그래서 사장은 같은 월급을 주더라도 직원들을 어떻게 만족시킬지 늘 고민하고 연구해야 한다.

그래서 어떻게 하면 직원들의 마음을 잡을 수 있을지 끊임없이 연구했다. 내가 시도했던 여러 방법 중 가장 탁월한 방법은 바로 '손편지 쓰기'였다. 진심을 담은 손편지는 직원의 마음을 사로잡는 데 큰 역할을 했다.

세상이 변했다. 하고 싶은 말이 있으면 전화를 한다. 아니면 문자나 메신저를 이용한다. 어느 누구도 귀찮게 편지를 쓰지 않는다. 그것도 컴퓨터로 타이핑을 한 편지가 아니라, 펜으로 직접 쓰는 손편지는 더욱 귀하다. 이 글을 읽는 독자 여러분은 손편지를 최근에 받아 본 게 언제였는가. 아마도 기억이 까마득할 것이다. 더구나 손편지를 직접 써 본 적이 언제였는가. 아마도 기억조차 나지 않을지도 모른다. 그래서 사람들은 손편지를 받고 나면 그 정성에 탄복을 한다.

물론 편지를 쓰는 일은 귀찮은 일이다. 컴퓨터로 타이핑을 치는 것도 번거로울 판에, 직접 펜으로 쓰는 데는 몇 배의 정성이 들어간다. 한마디로 미친 짓일지도 모른다. 하지만 나는 그 미친 짓을 꾸준히 해 왔다. 그런 노력을 한다고 해서 처음부터 큰 힘을 발휘하지는 않는다. 그렇다고 그 노력들이 헛되이 사라지는 것은 아니다. 시간이 흐르면서 쌓이고 축적되어 우리 매장의 보이지 않는 경쟁력이 된 것이다.

나는 가게를 개업하고 18년 동안 꾸준히 직원들에게 마음과 요구 사항을 담은 손편지를 썼다. 최근에는 못하고 있지만, 엄청난 효과가 있는 방법이다. 사장으로서는 한 달에 한 번뿐인 월급날이 참으로 빨리 돌아온다. 사실 월급날마다 직원들에게 매번 간단한 쪽지 또는 장문의 편지를 써서 주는 일은 쉽지만은 않은 일이다. 하지만 내 마음을 전할 수 있는 유일한 수단이기도 했기에 그만둘 수 없었다.

3년 전까지는 나는 직원들의 월급날을 그 사람의 입사일로 정했다. 그래야 많은 직원을 조금이라도 분산시켜 한 사람에게 집중해서 해야 할 말, 당부, 조언, 격려 등의 말을 편지를 정성스레 담을 수 있었기 때문이었다.

직원들에게 월급을 줄 때는 항상 신선한 제철 과일 한 봉지와 편지를 끼워서 주곤 했다. 한 달 동안 우리 가게를 위해 열심히 일해 준 마음이 정말 고마운 것이다. 한여름에는 에어컨을 틀어도 직원들은 불판 앞을 계속 다니며 일하니 정말 덥다. 그런 직원들에게 조금이라도 힘이 되었으면 좋겠기에 급여도 그냥 주지 않고 정성을 담아 주기로 마음먹었었다.

요즘은 송금 체계가 많이 달라져 각자의 통장으로 급여를 보내야만 한다. 인터넷 송금 시스템이 발달해서 편리하게 송금을 할 수 있다. 현금을 인출해 봉투에 넣어서 편지를 함께 주었던 예전과는 다르지만, 여전히 나는 편지 쓰는 것을 좋아한다. 그렇기에 요즈음 나는, 한꺼번에 통일한 월급날에 메모장에 개개인에 대한 편지를 쓰고 그 사람들에게 문자나 카톡으로 전송한다. 그 안에는 사랑, 격려 그리고 피드백이 담겨 있다.

직원이 첫 월급을 받을 때만큼은 편지가 아주 길어지기도 한다. 그 속에는 "처음처럼"이라는 말과 "인연"이라는 말이 매번 들어가는데, 처음처럼 변하지 않고 좋은 인연이 되기를 희망하는 간절함을 담아 보냈다. 그 편지 안에는 사장도 노력할 테니, 직원들도 변치 않고 처음처럼 열심히 일해 달라는 의미도 담겨 있다.

얼마 전에 읽은 글귀 중 인상 깊은 글귀가 하나 있었다. "사람의 감정이 제일 순수할 때는 처음 만났을 때와 헤어질 때다."라는 말인데, 많은 공감이 되었다. 늘 그랬다. 사람을 만나 달마다 월급을 챙겨 줄 때마다 이런 생각을 하며 썼다.

'이 사람은 이런 점을 조금만 보완하면 정말 좋은 인적 자원이 될 수 있겠다. 이 사람은 이 점이 조금 부족하니까, 내가 옆에서 많이 조언해 주고 도와주고 격려해 준다면 멀리 함께 갈 수 있겠다.'

때로는 편지가 길어져 A4용지 10장까지도 늘어난 직원도 있었다. 내부적으로 직원들과 불협화음이 있었던 때였다. 그때 내 마음을 전할 수 있는 유일한 수단이 편지였기 때문에 그렇게 긴 손편지를 적어 보낸 것이 아닌가 싶다.

서로 서운한 일이 있거나, 의견 충돌이 있을 때도 편지는 유용한 가교 역할을 한다. 감정이 상해 있을 때 대화를 하게 되면 되레 감정이 격해져 싸움으로 번지기도 하니 그럴 때마다 편지를 써서 보내면 훨씬 수월하게 갈등이 해결되는 삶의 팁이라고 할 수 있다. 서로 아쉬웠던 점도 과감하게 토로할 수 있는 중요한 소통의 창이 되기도 한다.

이렇게 매달 편지를 써서 보내고, 함께 땀을 흘리며 일한 직원을 마지막으로 보내는 날에는 정말 마음이 이상해지곤 한다. 싱숭생숭하면서도, 아쉬운 것 같으면서도, 마냥 섭섭하지만은 않다. 마지막까지 열심히 일해 주었던 직원들을 보며 내 편지 속에 묻어난 나의 따스함으로 가는 이의 발걸음이 조금이라도 가벼워지고 포근해지기를 기도하며 보냈다.

오늘 아침도 누군가가 나에게 질문을 한다.

"직원 구하기가 너무 힘들어요."
"어떻게 그리 긴 세월을 식당업에 종사할 수 있어요?"

직원 쓰는 게 일하는 것보다 더 힘들 텐데 어떻게 28년 동안 운영해 왔는지 궁금해하고 놀라워하기도 한다. 그리고 그 특별한 비법을 알려 달라고 떼를 쓴다. 특별한 비법은 없다. 바로 이거다.

"직원의 마음을 얻어라."

직원의 마음을 얻기 위한 방법은 매우 다양하다. 나는 직원들의 마음을 훔치기 위해 다양한 노력들을 해 왔다.

나는 직원이 가족과 관련된 일보다 우선일 때가 많다. 정작 우리 집은 반찬이 한 가지뿐이어도, 직원이 먹고 싶은 메뉴가 있다면, 또 재료가 필요하다면 나는 달려 나가서 사 오거나 재료를 사 오도록 한다. 과거를 더

듣어 보면 내 형제들보다도 직원들을 더 염려스러워했던 것 같다. 지금
도 나는 여전히 그렇다. 누군가 그 이유를 묻는다면 나는 이렇게 답할 것
이다.

"나와 생사고락을 함께하고, 나를 먹여 살리는 분들이니까."

늘 매장에 출근하면 한 분 한 분의 안색과 컨디션을 살핀다. 준비해 둔
비타민과 각종 영양제를 내어 주기도 한다. 알약 몇 알이 뭐 그리 대수일
까 싶지만, 나는 그들의 마음에 내 사랑과 관심을 자꾸 표현하고 싶은 마
음이다. 긴 시간 일하는 음식점의 특성상 쉽게 지칠 수밖에 없으니, 그 정
도는 당연히 챙겨 주어야만 그래도 마음이 편해진다.

그래서 직원들의 애사·경사는 알바 인력으로 대체하더라도 꼭 참여하
고자 노력했다. 직원들은 그만큼 감사하고 소중한 존재이기 때문이다. 식
당 운영을 하는 동안은 언제나 직원들이 나의 1순위일 것이다.

사실 직원 관리라는 말도 내게는 조금 이질감이 들곤 한다. 사람을 관
리하는 게 아니라, 사람과의 관계를 일구어 나가는 일과 마찬가지인 건데.
돈이 오고 가는 금전 관계 이전에 사람과 사람과의 관계가 있다는 건 언제
나 멋진 일이고, 그만큼 소중한 일이니까 말이다.

당신은 오늘 직원들의 마음을 얻기 위해 무슨 노력을 했는가. 부족한 것
이 있다면 작은 것 하나라도 실천해 보자. 아직 시도를 못 해 봤다면 지금
당장 마음을 담은 편지 한 장을 권해 본다.

03

매출 향상
기여금을 아시나요?

우리 직원이 내게 할 말이 있다면서 말문을 열었다.

"사장님, 돈이 잘못 들어온 것 같아요. 얼마 전에 월급을 받았는데 추가로 돈이 들어왔어요. 여기 통장 내역 한번 보세요."

참 솔직한 직원이다. 내가 잘못 보냈더라도 모르는 척하고 받아서 꿀꺽할 수도 있는데, 이렇게 솔직하게 물어본다. 하지만, 난 잘못 보낸 것이 아니었다.

기업들은 직원들의 동기 부여를 위해 필요하다면 보너스나 인센티브를 준다. 매출이나 이익이 어느 일정 여건에 도달하면 받을 수 있기에 직원들이 정말 열심히 일한다. 이런 인센티브가 잘나가는 기업에만 적용된다는 법은 없지 않은가. 규모가 작은 자영업에도 필요하다고 본다.

그래서 나는 비록 조그마한 식당이라고 하더라도 과감하게 인센티브제를 도입했다. 그 명칭을 나만의 용어로 만들어 '매출 향상 기여금'이라고 칭했다. 아마도 영세한 자영업자가 이런 제도를 운영한다는 얘기는 생소할 것이다. 그만큼 통 큰 결단이 필요하다.

우리네 삶에도 희로애락이 있듯 음식점 운영에도 매출의 변화가 항상 따른다. 주변 여건에 따라 매출은 달라진다. 휴가철이나 새 학기 시즌 혹은 김장 때가 되면 여지없이 매출 추이가 신기하리만큼 다르게 나온다. 늘 겪어 온 일들이라서 '이제 매출이 하락하겠구나.'라고 생각하면 열이면 열 들어맞는다.

이런 시즌에 한 분의 손님이라도 유치하기 위해서는 직원들의 수고로움이 더해져야 한다. 나는 오래전부터 매니저 직원과 매출 관리를 공유해 왔다. 많은 대기업들이 시행하는 '투명경영'을 한 것이다. 그래서 우리 식당이 얼마나 잘나가는지 또 얼마나 어려운지에 대해 직원들이 스스로 안다.

특히, 매출이 정해 놓은 상한선에 도달했을 때는 항상 '매출 향상 기여금'을 드리려고 노력한다. 이건 너무나도 중요하다. 손님 한 분이라도 더 받으려고 노력하는 그 마음에 보답하기 위해서다. 직원의 노력, 직원의 마음, 직원의 정성에 대한 예의라고 생각한다. 나는 직원의 정성스러운 노력에 꼭 보답해 줄 수 있는 사장이 되고 싶다.

이 글의 서두에 언급한 직원의 이야기는 매출 향상 기여금을 처음 시도했을 때 나타난 반응이었다. 이제는 시간이 흐르면서 직원들이 스스로 움직인다. '매출 향상 기여금'은 스스로 알아서 움직이게 하는 원동력이 되었다.

"에이, 우리처럼 쥐똥만 한 가게에서 그런 것까지 줄 필요가 있어?"

이렇게 반문하는 분들이 있을지도 모르겠다. 그 돈을 결코 아깝다고 생각해서는 안 된다. 제비가 박씨를 물고 오듯 그런 날이 온다.

나는 살아가며 타인에게 주었던 도움이 내게 꼭 되돌아오지 않더라도 괜찮다. 사람 대 사람의 관계는 그저 금전으로 계산될 수 있는 것만이 아니니까 말이다. 내가 만약 직원들이 어려움에 부닥친 상황에서 나 먹고 살기도 힘들다고 그들을 외면했다면, 마음 편히 장사를 이어 나갈 수 있었을까? 나만 잘 먹고 잘살면 된다는 마음으로 그들에게 모질게 굴었다면, 내가 과연 행복할 수 있었을까?

사람은 절대 혼자서 살아가지 못한다. 사회 속에서 서로 도움을 주고받으며, 연대하며 살아가는 것이다. 그러니 이런 도움은 당연하지 않아 보이지만 함께 고생하기 위해 선택한 하나의 방법이라고 할 수 있다.

어려움에 처한 사람을 외면하지 않는 것, 먼저 신뢰하고 다가가 끈끈한 인연을 만드는 것이야말로 나의 삶의 철학이다. 내가 혼자만의 힘으로 행복해질 수 있었을까? 그건 절대 불가능한 일이다. 나는 내가 사람 간의 관계에서 도움을 주었던 일이 내게 다시금 행복으로 돌아왔다고 믿는다.

추가로 나가는 돈에 대해 아깝다고 생각하지 말자. 우리 직원들의 정성에 대한 보답이다. 매출 향상 기여금은 스스로 움직이게 하는 원동력이 된다. 여건이 어렵더라도 일단 시도해 보라. 직원들로부터는 기대 이상의 반응 그리고 기대 이상의 매출로 돌아올 것이다.

04

믿고 맡기면
생기는 일

"내 일처럼 해 주면 얼마나 좋을까?"

"알아서 척척 해 주면 참 좋으련만⋯."

"시키는 일 말고도 찾아서 해 주면 얼마나 좋을까?"

"맡은 일에 애정을 갖고 해 주면 얼마나 좋을까?"

이 책을 읽는 사장님들의 고민이자 바람이다. 우리 직원들이 이렇게 해 준다면 얼마나 행복할까. 오랫동안 식당을 운영하면서도 이 부분은 내게 늘 어려운 숙제이기도 하다.

'로젠탈 효과(Rosenthal Effect)'라는 것이 있다. 하버드대 심리학과 교수였던 로버트 로젠탈 박사가 연구 조사한 결과로, 이 같은 고민을 하는 자영업자들에게 시사하는 바가 크다. 그는 샌프란시스코의 한 초등학교 학생들을 대상으로 지능검사를 했는데, 그 검사 결과에 상관없이 명단을 무작위로 뽑아서 선생님들에게 주었다. 지능지수가 높은 학생들 명단이라는 말과 함께. 과연 그 이후 결과는 어땠을까?

8개월 후에 조사해 보니, 그 학생들의 성적이 대폭 향상되었다고 한다. 왜 그런 결과가 나왔을까? 한마디로 선생님의 격려가 큰 힘이 되었기 때문이다. 선생님들이 그 학생들에 대해서 긍정적인 기대를 했더니, 학생들이 그 기대에 부응해서 긍정적인 행동을 했고, 그것이 긍정적인 결과로 나타난 것이었다. 긍정적인 결과가 나타나니, 다시 긍정적인 기대를 하게 되는 선순환을 가져왔던 것이다.

긍정적 기대 → 긍정적인 행동 → 긍정적인 결과 → 긍정적인 기대
→ …

우리 직원들도 마찬가지다. 긍정적인 기대나 격려를 하게 되면 직원들은 언제나 그 기대에 부응하는 결과를 낸다. 그러나 반대로 부정적인 기대나 의심을 하게 된다면 어떤 결과가 벌어질까? 아까와는 반대로, 부정적인 결과를 가져오는 악순환이 벌어지게 될 것이다.

부정적 기대 → 부정적인 행동 → 부정적인 결과 → 부정적인 기대
→ …

다시 말해서, "쟤는 원래 저런 사람이야."라고 생각하게 되면 그 직원은 그 틀에서 벗어나지 못한다. 즉, 내가 만들어 놓은 그 틀 안에서만 행동한 나머지 결국 내가 생각하는 그런 직원이 되고 만다. 사람을 함부로 어떤 틀에 가두는 것은 매우 위험한 발상이다. 틀에 가두어서는 좋은 결과를 가져올 수 없다. 그것은 이미 입증된 결과다.

우리 식당에도 이를 응용할 수 있다. 직원을 일단 채용했다면 믿고 맡겨야 한다. 믿음을 주면 놀라운 일이 벌어진다. 스스로 알아서 움직인다. 손님이 오면 알아서 반갑게 맞이한다. 손님이 말하기 전에 필요한 게 뭔지

재빨리 캐치한다. 심지어 손님의 취향을 기억함으로써 단골을 만들기도 한다. 그런 행동들이 몸에 익어서 식당에 처음 온 사람들은 누가 종업원이고 누가 사장인지 분간을 못 할 정도로 잘한다.

직원들에게 믿음을 주기 위해서는 격려를 자주 하자. 칭찬을 자주 하자. 인정해 주자. 그렇게 존중해 주고 인정해 주고 칭찬해 주면 놀라운 결과를 가져오기도 한다.

박지성 선수를 기억하는가? 그가 2002년 한일 월드컵을 앞두고 국가대표 상비군으로 발탁되어 훈련하던 중, 큰 부상을 당한 적이 있었다. 국가대표에서 탈락할지도 모른다는 불안감이 엄습해 왔다. 그가 라커룸에 홀로 남아 실의에 빠져 있었을 때 벌어졌던 유명한 일화가 있다.

히딩크 감독이 라커룸에 들어와서 박지성 선수에게 이야기하기 전에 통역관에게 먼저 이런 엄명을 내렸다고 한다. "자네는 내가 지금부터 하는 말을 한마디도 빼놓지 말고 그대로 통역을 해 달라." 그러고 나서 바로 박지성 선수에게 다음과 같은 말을 했다고 한다.

"지성이, 자네는 내가 이제까지 봐 왔던 선수들 중에 정신력 하나만큼은 세계 최고다. 그런 정신력으로 축구를 한다면 너는 분명 세계적인 선수가 될 수 있다."

그 말을 들은 박지성 선수는 엉엉 울었다고 한다. 그리고 훈련할 때마다, 힘들고 어려울 때마다, 새로운 도전을 할 때마다, 늘 히딩크 감독의 그 말을 되새겼다고 한다. 천 번이고 만 번이고 되뇌었다고 한다. 오늘날 박지성 선수가 세계적인 선수가 될 수 있었던 배경에는 히딩크 감독의 그 한마디가 너무나 컸다고 한다. 이렇듯 따뜻한 격려와 인정은 기적을 만들어 내기도 한다.

가게의 매상은 사장 혼자서만 올리는 게 아니다. 직원들이 함께 올리는 것이다. 절대로 이 점을 간과해서는 안 된다. 나는 오늘 직원들에게 어떤 격려를 해 주었는가? 나는 오늘 직원들에게 무슨 칭찬을 해 주었는가?

나는 원래 표현을 못 한다고 핑계 대지 마시라. 말로 표현을 못 하겠거든, 문자나 톡을 보내면 된다. 아니면 간단하게 포스트잇에 메모를 적어 전달해도 된다. 방법은 많다.

05

상추 속의 애벌레가
도망간 사연

우리 식당에서 15년을 근무했던, 별명이 '땅콩 언니'였던 직원이 있었다. 땅콩처럼 작지만 야무지고 똑소리 나게 일을 잘 해결해서 별명이 땅콩 언니였다.

어느 날, 엄청나게 바쁜 시간대에 4명의 부부 동반 손님의 테이블에서 호출이 왔다. 달려간 그곳에서 나는 놀라운 땅콩 언니의 위기 대처 능력을 보았다. 손님들의 상추 속에 징그러운 애벌레 한 마리가 들어 있었고, 여성 손님은 많이 놀라고 화가 나 있는 상태였다. 땅콩 언니는 그것을 보고,

"감히 이것이 버릇없이 여기에 있냐. 어느 안전이라고 여기에 있는 거냐. 매 좀 맞아야겠다!"

라고 말한 뒤,

"손님, 이 녀석의 무례함을 용서하세요."

라고 하는 것이 아닌가? 그 말과 동시에 우리를 호출한 손님들과 옆자리 손님들 모두 웃음을 터뜨렸다. 땅콩 언니는 자칫 받아들여질 수 없는

사과를 유머와 재치를 사용해 손님들께 잘 전달한 것이다. 그것을 보고 감탄했다. 재치나 순발력이 돋보이는 언니의 위기 대처 능력이 지금도 그립다.

하지만 위와 같은 일이 있을 때는 대개 당황하곤 한다. 어쩔 줄 몰라 하는 직원들이 태반이다. 나는 직원들이 실수했을 때 직원에게 무작정 화를 내기보다는, 직원의 상황과 생각, 감정 같은 것들을 잘 들어 주고 이해하려고 노력했다. 나는 언제나 직원 편에 서려고 노력했고, 실수하지 않고 사는 사람은 없다고 생각했기 때문이다.

나조차도 이것저것 자잘하게 실수를 많이 하는데 직원은 안 그런다는 보장을 할 수 있을까? 절대 없다. 모두가 나와 같은 사람이고, 완벽할 수는 없다는 생각을 가지고 장사를 하니, 직원과의 의사소통도 수월해지고 남을 이해하는 일에도 조금씩 능숙해지곤 했다.

사람들은 작은 실수에도 좌절에 빠져 버리곤 한다.

"나는 왜 이럴까?"
"나는 왜 이렇게 쉬운 일도 못할까?"

이런 말과 생각들로 자기 자신을 갉아먹으며 수렁에 빠지는 것이다. 하지만 이것만은 기억하라. 실수하지 않는 것보다 자책하지 않는 것이 더 중요하다는 것을. 또한, 계속 실수를 곱씹으며 누군가 탓할 대상을 찾는 것역시 문제가 된다는 것을. 시작은 작은 실수였지만 그것이 나 자신이나 다른 사람을 갉아먹게 두어서는 안 된다. 가끔은,

"작은 실수쯤이야 뭐 어때. 괜찮아. 다음에 더 잘하면 되는 거지."

라고 가볍게 생각할 수 있는 마음가짐이 필요하기도 하고, 큰 실수나 좌절 앞에서는,

"나는 실패를 한 번 경험한 것이고, 이것은 내가 성장할 수 있는 발판이 된 거다. 내가 실패한 원인과 방법에 대해 다시 생각해 보자. 나는 시행착오를 겪고 성장하는 중이다."

좋은 관점을 가지고 살아가는 사람들은 다른 사람의 말을 듣고 기가 죽거나 우쭐거리지 않으며 자기 자신을 온전히 받아들이면서도 자신만의 잣대로 자신을 긍정한다. 실수에 대해서도 자책하기보다는 긍정적으로 털어내고, 이겨 내려고 노력한다.

이처럼 우리의 임무는 특정 관점과 프레임에 사로잡히는 것이 아니라, 우리의 삶을 이루는 실체들에 대해서 경건하게 인정하고 긍정하는 것이다. 내가 나를 바라보는 다양한 관점들을 인정하는 것은 다른 사람을 보는 관점을 관대하고 따뜻하게 만들어 주기도 한다. 이를 통해서 세상을 더욱 긍정적으로 바라볼 수 있게 될 거라고 생각한다. 나에 대한 포용은 타인에 대한 포용으로 이어지기 마련이니 말이다.

06

만남에 신의를 더하면
끈끈한 인연

장사를 하기 시작하며 정말 소중한 인연도 많이 생겼고, 이미 알고 지내던 인맥으로부터 많은 도움을 받기도 했다.

사람 인(人)자가 있다. 이 사람 인은 나뭇가지 두 개가 서로 기대어 서 있는 모습이다. 한자 생김새로 알 수 있듯, 사람은 절대로 혼자서는 서 있지 못한다. 다시 말해, 사람은 절대로 혼자서 살아갈 수 없다는 뜻이다. 장사도 마찬가지다. 직원들을 사람 대 사람으로 존중했듯이 장사와 관련된 모든 사람을 사람 대 사람으로 존중할 수 있어야 한다.

이걸 정말, 자화자찬이라고 해야 할지 나 자신이 미련하다고 해야 할 일인지는 잘 모르겠다. 나는 꾸준히 거래해 오던 생고기의 거래처는 물론이고, 육가공업체, 식자재 거래처, 채소, 커피까지 납품받는 모든 업체를 한 번도 변경하지 않았다. 우리 고깃집이 개업한 1997년 5월부터 본설렁탕을 개업하기 전 2019년 8월 말까지 그렇게 해 왔다. 지금은 업종을 변경했고 프랜차이즈 특성상 음료와 주류 그리고 간단 야채를 빼면 거래처가 필요 없어진다.

25년 동안 한 번도 거래처를 바꾼 적이 없다는 것을 얘기하면 다들 놀란다. 지인들은 간혹,

"너무 미련한 거 아니냐? 가격 대비 질 좋고, 좋은 거래처 찾아야 하는 거 아니야?"

라는 말을 하곤 했지만, 나는 신뢰와 믿음으로 이어진 인연을 100원, 500원, 또는 1,000원, 5,000원 차이에 쉽게 포기하고 싶지는 않았다. 인간관계를 돈 몇 푼에 바꾸고 싶진 않았다. 그래서 가령 너무나 비싸게 재료가 들어오는 것 같으면 대놓고 부탁했다.

"사장님, 가격 조정해 주시면 안 될까요? 너무 비싸요!"

그럴 때면 왜 비싼지, 품질의 차이가 얼마나 있는지 등 그 물건과 이 물건은 아예 품질부터 다르다는 이유와 설명을 첨부하여 답변을 보내 주었다. 이렇게 몇백 원 차이에 거래처를 바꾸는 것보다 기존 거래처와 한 번 더 이야기를 나누어 보는 것이 중요하다.

한번 맺어진 인연은 정말 중요하다고 생각하기 때문이다. 거래를 꾸준히 하면서 쌓은 믿음과 신뢰를 고작 돈 몇 푼에 깰 수는 없기도 했다. 조금 더 이익을 얻고 조금 더 싸게 물건을 쓰자고 몇 년간 이어진 인연을 한 번에 저버리는 건 내 성향에도 맞지 않았다.

물론 사람마다 견해 차이는 있을 것이다. 수지 타산을 중요하게 따지는 사장님이라면 조금 더 저렴한 거래처를 찾아가겠지만, 나는 돈 몇 푼보다는 사람 간의 관계, 그 안에서 단단하게 형성된 믿음이 더 중요했다. 어찌 보면 참으로 미련한 사람으로 보일 수도 있다. 그러나 인간관계는 계산할 수 있는 것이 아니라는 생각으로 몇십 년간 장사해 온 나로서는 이러한 방식이 더 편하고, 행복하다.

이런 나의 성향은 우리 직원들에게도 영향을 미쳤다. 세상에는 다양한 사람들이 있고, 장사는 그런 다양한 사람들을 만나는 일종의 과정이라고 할 수 있다. 직원을 뽑을 때도 마찬가지이다. 정말 다양한 사람들을 만났다. 각자가 가진 성격부터 사연까지 전부 달랐다.

한 직원은 남편이 대학병원 응급실에서 사경을 헤매고 있을 때 수술해야 했지만, 수술비가 없었다. 사장이 어떻게 그런 위급한 상황을 그냥 지나치겠는가. 직원과 사장은 이른바 한 팀이 되어 장사를 이끌고, 서로 유대를 쌓는 관계인데 말이다. 그래서 남편분의 수술비를 대신 내준 적도 있다. 또한 사업 실패로 어려움에 부닥친 직원이 입사했을 때는 그 사람에게 늘 위로와 위안이 되어 주려 노력했다. 그 과정에서 돈도 많이 빌려줄 수밖에 없는 상황은 꼭 생기곤 했다.

사실 돈을 빌려줄 때 이 돈을 꼭 받아야겠다는 생각으로 빌려준 것은 아니었다. 꼭 돈을 받아야겠다는 생각보다는 우선 함께 일하는 직원이 어려운 상황에서 고생하는 것을 보는 것이 힘들었고, 사람 된 도리로, 사장된 도리로 그것을 보고만 있어서는 안 된다는 생각이었다.

그래서 신용불량자가 되어 사정이 어려운 직원의 휴대전화를 대신 개통해 주었다가 요금이 체납되어 신용불량자로 추심을 받고 괴로웠던 적도 있었다. 또 교도소를 밥 먹듯 드나드는 남편이 있는 직원이 안쓰러워 늘 면회를 데리고 다니며 함께 가족 같은 주인이 되어 보기도 했다.

형편이 어려운 직원을 위해 대신 복지 신청을 해 주려 끊임없이 여기저기 발로 뛰었던 일도 있었는데, 정말 많은 시간과 열정이 필요했다. 지체

장애를 가지고 있는 직원의 자녀를 위해 직원과 함께 노후에 필요한 보살 핌부터 복지에 대한 고민을 가족처럼 함께 나누었고, 발품을 팔아 가며 노력해서 국가지원을 받을 수 있게 도와주기도 했다.

이 모든 것을 위해 정작 나는 인건비를 신고할 수 없는 몇 년을 보냈던 괴로운 시간도 있었다. 참 많은 사람을 만났고, 많은 일이 있었다. 이런 이야기를 오랜만에 전부 해 보려니 오래 묵은 회포를 푸는 기분이다.

07

가족과 같은
우리 직원들

　직원을 가족처럼 생각하는 것은 가게의 매출과도 관련이 있다. 직원들이 힘을 내서 일할 수 있는 원동력이 되기도 한다. 직원을 함부로 대하는 일이란 생각할 수도 없다.

　과거의 시간들을 되짚어 보면, 사장과 직원의 주종 관계는 이루 말할 수 없이 심각했던 시절도 있었다. 당시에는 근로기준법과 노동법이 지금 같지 않았기 때문이다. 지금도 근로기준법과 노동법을 어겨 문제가 되는 사례들이 많다. 그러니 과거에는 오죽했을까? 법이 시행되고 있었지만 그런 것들이 거의 지켜지지 않는 시대였다. 직원을 3일 정도 일해 보게 하고, 사장 마음에 안 들면 아무런 고지도 없이 "내일부터 나오지 마세요."라고 하면 직원은 아무 말도 못 하고 해고되던 시절도 있었으니 말이다.

　요식업에 있어서 근로계약서도 없던 시절이었고, 해고해도 크게 문제가 되지 않던 그런 시절, 서글픈 시절이 있었다. 게다가 10년을 넘게 일해도 퇴직금을 받지 못하는 시대였다. 퇴직금이라는 개념이나 체계 자체가 없었기도 했다.

　나 역시 크게 다르지는 않았지만, 훨씬 그전부터 직원들에게 퇴직금은 아니지만, 입사일마다 목걸이를 선물한다든지, 현금 봉투를 얼마 챙겨 준다든지 사소하게나마 직원들을 챙기곤 했다. 그 지난 시절에도 결코 소홀하게 입사일을 그냥 넘기지는 않은 것이다. 지금이야 4대 보험 및 퇴직금을 주는 게 당연한 일이 되었지만 말이다. 이렇게 사소한 것들일지라도 나의 마음을 표현하려 많이 노력했었다.

모든 일에 사장이 먼저 모범이 되어야 직원 역시 성실하게 일한다. 장사를 하다 보면 직원이든, 또 다른 누구든 설득이나 회유해야 하는 일이 생기게 마련이다. 요청, 부탁 등도 여기에 포함된다. 말이 '아' 다르고 '어' 다르듯이, 사장의 말씨나 행동거지에 따라 직원들이 이를 받아들였을 때의 감정이 다르다. 이는 아주 사소한 차이다.

인간관계의 대부분은 '말'로 이루어진다. 사장이 직원을 위한다면 기본적으로 이 '말'이라는 것부터 기존의 강압적이고 고압적인 방식과는 차별화되어야 한다고 생각했기에 언어 선택에도 굉장히 유의했던 것으로 기억한다. 상대의 기분과 마음을 고려하는 것이 배려의 첫 번째 단계이다.

우선 상대를 설득해야 할 때는 상대를 먼저 챙겼다. 상대를 내 의도대로 설득하고 싶다면 강요보다는 이에 대한 호기심이나 욕구가 생겨나도록 표현했다.

"이렇게 하는 편이 좋다고 생각해요."

제안 형식으로 표현하면 상대도 수월하게 받아들이게 되기 때문이다.

"이렇게 하면 잘될 거라 생각해요."

라고 전달해야 서로에게 유익한 대화가 될 수 있기도 하다. 즉, 제안 형식으로 자신의 의견을 말하는 것을 넘어 상대에게 도움 되는 의견을 제시하면 더욱더 효과적이라는 것이다. 또한, 사장이 직원에게 조언해야 할 때도 많다. 이럴 때 강요나 지시하는 듯한 어투를 쓰기보다는, 구체적으로 도움이 되는 조언 형식으로 유하게 말하면 받아들이는 사람도 상대가 나에게 강요한다기보다는 챙겨 준다는 느낌을 더욱 많이 받게 된다.

또한, 어쩔 수 없이 싫은 소리를 해야 할 때가 있다. 자칫 감정에 휩쓸려 마음에도 없는 나쁜 말을 하게 된다면 갈등이나 싸움으로 번지게 된다. 좋은 관계를 유지하고 싶다면 상대에게 직설적으로 지적하는 방법에 대해 고민해 볼 필요가 있다. 일단 한발 물러서서 상대를 배려하는 말투로 조언하듯이 말하는 것이 좋다. 이것이 바로 '에둘러서 지적하기'이다.

"이건 이렇게 하면 안 되는데. 다시 해 봐."

라고 말하기보다는,

"이걸 다시 한번 확인해 주시겠어요?"

라고 에둘러 말하면 "틀리지 않았나요?"와 같은 의미이지만 실수한 상대를 직접적으로 비난하는 것처럼 느껴지지 않는다. 확실히 틀렸다고 해도, 직설적인 말은 비난하는 느낌을 주게 되므로 한발 물러나서 지적하면 상대는 이 배려에 호의를 느끼게 될 것이다.

실수가 있었을 때 잘못한 것을 직접 언급하기보다 그 부분을 확인해 달라고 부탁하는 표현을 사용해 감정싸움을 막고, 직원의 개선을 이끄는 것이 말의 중요성 중 핵심이라고 할 수 있겠다.

사장의 위치에 있다고 권위 의식에 찌들어 무작정 명령하고 지시하기보다는,

"내가 청자의 입장에 선다면 기분이 어떨까?"

먼저 생각해 보고 자신의 언행을 되돌아보는 것이 훌륭한 사장의 태도라고 할 수 있다.

언제나 다른 사람에게 좋은 영향을 끼치는 사람이 될 수 있도록 노력하는 것! 좋은 사장이 좋은 사람이 되고, 이 또한 우리 직원 모두를 행복하게 만들어 주는 일이 아닐까?

08

직원을 살리고
가게를 살리는 말

말과 음식은 전혀 다른 성질의 것이지만, 조금 다르게 생각하면 매우 유사한 면이 있다는 말도 있다. 사람은 매일 음식을 통해서 영양분을 공급받고 생명을 유지한다. 마찬가지로 말도 우리가 살아가는 데 꼭 필요한 요소이기에, 음식을 맛있게 조리해 먹어야 하듯 말도 맛있게 해야 한다는 것이다.

첫째, 맛있는 말이 되려면 가능한 한 분노에서 벗어나 매사에 긍정적이고 감사한 마음을 가져야 한다.

입구(口)자 세 개가 모이면 다름 아닌 품(品)자가 된다. 사람의 품격은 입에서 나온다고 해도 과언이 아니다. 물리적인 상처는 치유할 수 있어도, 말로 낸 상처는 그 흉터가 평생 가기 마련이다. 치유되지도 않을 때가 있다.

말과 관련된 한 실험이 있다. 예일대학 생체해부 팀은 화를 내며 흥분할 때 피 1cc를 채취해 성분을 분석한 결과, 7명을 죽일 수 있는 독소가 들어 있음을 발견한 바 있다. 상대방의 기분을 고려하지 않는 질책과 비난은 결코 좋은 결과를 얻지 못함을 우리는 많이 보아 왔다. 이 실험은 그것을 증명하는 것이라고 할 수 있겠다.

둘째, 재미있고 유머가 있는 말은 말의 맛이 다르다.

성공적인 인간관계와 사회생활을 하는 사람들의 공통된 특징은 말을 재미있게 한다는 것이다. 매번 상황에 맞지 않을 때도 말을 재미있게 하라는 것이 아니다. 조금 기분 나쁠 만한 말을 해야 할 때나, 마음 상할 만한 말을 해야 할 때가 있기 마련이다. 때로는 냉정하게 쓴소리를 해야 할 때도 있다. 이럴 때 너무 날을 세워서 말하기보다는, 상대방이 잘 알아들을 수 있게끔 부드럽게 말을 하면서도 마냥 기분 나쁘지 않게 유머를 섞어서 말하는 것이다.

셋째, 항상 상대방의 관점에서 말을 하면 맛있는 대화가 된다.

장사를 하면 상대를 설득해야 하는 일이 생기곤 한다. 그게 고객이든, 직원이든, 거래처인지는 상관없다. 이때 대화를 통해 상대를 설득하기란 결코 쉬운 일이 아니다. 그런데 우리는 너무 말을 쉽게 하고 상대를 배려하지 못한 일방적인 말을 하는 경향이 있다. 이때 좋은 대화가 되기 위해서는 대화 상대를 'one of them'이 아니라 'only one'으로 대하는 것이 중요하다. 앞서 언급했듯 지시나 명령, 강요보다는 제안의 형식으로 운을 떼는 것이 중요한 것처럼 말이다.

또한, 본인의 기분을 잘 표현해야 한다. 직원에게 화가 난다고 무조건 버럭 화를 내거나 가끔 대처하기 어려운 고객이 오셨을 때 짜증이 난다고 고객을 나쁜 사람으로 취급하면 사업은 절대 성공할 수 없다. 이런 상황에서의 표현법은 그 무엇보다 중요한데, 기분은 직구로, 타협은 변화구로 표현하는 것이 바람직하다는 말이 있다. 사람과 사람의 대화는 누가 누구를 설득하고 지배하는 것이기보다는 상호 간에 공감하는 것이 중요하기 때문이다.

공감은 상대방 입장을 고려하는 데서 시작되기 마련이다. 예컨대, "이 음식 맛이 조금 이상하다. 환불해 달라."라는 고객의 불만이 있다면, "아, 정말 죄송합니다. 음식이 입맛에 맞지 않으시다니 정말 속상하셨겠어요."라고 먼저 공감해야 한다.

직원에게도 마찬가지이다. 사장으로서 직원의 입장에 서서 공감하는 것이 최우선이다. "사장님. 이런 점이 불만이고, 저런 점은 개선이 필요할 것 같아요."라고 말한다면, "그렇게 느꼈군요. 저도 그 마음에 충분히 공감하고, 왜 그렇게 느꼈는지 알겠어요."라며 공감을 하는 것이 제일 중요하다.

상대방의 마음을 이해하지 못하면 의사소통은 단절되고 만다.

넷째, 이 세상에서 가장 맛있는 말은 칭찬하는 말이다.

칭찬은 고래도 춤추게 한다는 점에서 칭찬의 위력을 충분히 느낄 수 있다. 모 종교에서는 조직 내에 가장 필요한 덕목을 '칭찬하기'로 선정해 많은 결실을 얻고 있기도 하다. 또 어떤 기업에서는 사훈을 '칭찬 경영'으로 정해 추진한 결과, 구체적인 성과를 거두기도 했다.

나도 사소한 일에서도 칭찬을 많이 하려 노력한다. 예컨대 직원이 작은 재치를 발휘했을 때도 "정말 잘했다. 대단하다. 덕분에 힘이 나고, 일할 맛이 난다."라며 기운을 북돋아 주기도 한다.

　말이 씨가 된다는 속담이 있다. 자신이 어떤 씨앗을 뿌렸는가에 따라 결과는 다르게 나타난다. 이 글을 읽고 있는 당신이 맛있는 말의 씨앗을 많이 뿌려 좋은 열매를 맺음으로써 내가 이른바 "좋은 사장"이 된 것처럼, "좋은 사람"이라고 불릴 수 있기를 바란다.

09

벤츠 타면서
월급은 왜 늦게 줘요?

TV 보도에 돼지 구제역이나 돼지 열병이 언급되기 시작할 때면 긴장감에 온종일 연일 보도의 뉴스 기사에 눈길이 가고, 걱정에 입맛이 떨어지던 날들이 있었다. 특히 우리 음식점처럼 돼지고기만을 취급할 경우 타격은 더 심하다. 여기에 썰렁하고 을씨년스러운 추운 날씨까지 더해지면 생고기를 주로 하여 장사를 했던 우리의 매장 분위기가 어땠을지 상상이 될 것이다.

돼지 구제역은 발굽이 두 개로 갈라진 우제류의 동물에게 퍼지는 감염성 바이러스 질환이다. 구제역 바이러스가 사람에게는 옮지 않고 70도 이상으로 익혀 먹으면 매우 안전하다고 아무리 TV에서 보도해도, 매장은 썰물이 빠진 듯 한산해지곤 했다.

축산농가의 한숨 소리와 산 채로 대량으로 살처분되는 돼지들의 비명이 너무나 안타깝지만, 나에겐 당장 매장의 썰렁함만이 현실을 짓누를 뿐이었다. 광우병, 조류독감도 역시 방송 보도가 나가면 관련 점포는 타격이 클 수밖에 없다. 인간이나 동물에게 있어서 바이러스의 공포는 얼마나 두려운 존재로 다가왔는지 우리는 모두 기억하고 있기 때문이다.

그럴 때면 직원들이 먼저 눈치를 보고 걱정하니, 나와 남편이 오히려 휴가라고 여겨 보자 다독여야 했다. 당장 매달 빠져나가는 고정비 지출에 걱정되고 마음이 무거웠지만, 사장으로서 직원에게 어디 하소연할 수 있는 입장은 아니었다. 돼지 바이러스의 출현을 받아들이기 힘겨운 소상공인 자영업자의 애환은 비단 우리 가게만의 이야기는 아닐 것이다.

음식점 운영에 있어서 가장 큰 지출은 인건비였다. 그 때문에 출근 팀은 교대로 시간 조정을 통해 돌아가면서 인건비 절감을 했고 단시간 아르바이트 팀은 월·수·금요일 조와 화·목·토요일 조로 나누어 긴 재난을 이겨 내야만 했다.

이제 업종을 변경해서 이런 시련도 옛 추억 이야기로 묻혔으나, 고깃집을 운영하던 이웃 사장님들의 목소리가 지금도 생생하게 들리는 것 같다. 그럼에도 우리 매장만큼은 18년 근속자도 있었고, 15년 근속자도 있었기에 힘든 상황이 있어도 두렵지는 않았다. 우리는 가족과도 다름없는 한솥밥의 인연이었기에.

또 하나의 일이 더 생각난다. 2014년, 세월호 사건이 있었을 때다. 우리 음식집은 안산 단원고에서 10분 거리에 떨어진 근방에 위치해 있는데, 당시에는 3개월 이상 현상 유지가 힘들 만큼 장사가 잘되지 않았다. 가장 유동 인구가 많은 곳에 시위대가 있어 사람들의 발걸음이 뜸해졌기 때문이다.

참으로 안타까운 일이었다. 아들의 친구들이 다니던 학교가 단원고등학교였다. 아들의 친구를 보면 꼭 아들을 보는 기분이었는데, 나 역시 오열하는 부모들을 보며 가슴이 찢어지는 것만 같았다. 이 세상 부모들의 마음은 다 똑같은 것 같다.

매출 하락은 몇 날 며칠이고 지속되었다. 당시 안산시 소상공인에게 종합소득세 및 부가가치세를 유예해 주기도 했다는 것을 기억해 보면, 그때는 정말 힘들었고 어려웠다는 생각이 든다.

나 역시 두 달 연속 월급이 이틀에서 사흘 정도 밀렸었다. 초조한 마음인 건 매한가지였고, 지금은 절대 이러면 안 된다는 것을 잘 알았으나 그 당시에는 너무나 힘들었다. 그런데 급여 날, 직원 이모님이 내게 툭 던지듯 하던 말이 너무나 충격이었다.

"사모님! 벤츠 타고 다니시면서, 왜 급여는 제때 안 주세요?"

급여가 밀리는 일은, 직원이나 알바의 입장에서 본다면 정말 있어서는 안 되는 일이다. 나는 그 이후 월급날을 미루거나, 잊지 않기 위해 준비에 아주 철저히 임했다. 코로나19의 위기 속에서도 마찬가지였다. 힘든 상황 속에서도 일하는 직원들의 땀과 에너지, 그리고 보람을 모두 담은 것이 급여인데, 그게 밀리는 것은 용납할 수 없는 일이다. 특히나 직원의 입장에서는 더욱 그러하다.

언제나 직원이나 알바의 입장에 서서 생각하리라 마음먹었고, 그러고 있다 생각했지만 그런 생각에 안일해졌던 것이 아닐까. 순간 얼굴이 벌게지고 어디엔가 숨고 싶었던 그 순간이 살아가며 문득문득 생각날 때마다 참 부끄럽다.

지금 이 글을 쓰고 있는 이 순간에도 그렇다. 동시에 그런 나를 조금 더 믿어 주고, 힘든 순간도, 위기도 함께 헤쳐 나갔던 직원들에게 고마운 마음이 들며, 뭉클하다. 위기를 이겨 낼 수 있었던 것은 모두 우리 직원들 덕택이다.

10

직원이
매출을 좌우한다

직원이 손님들에게 얼마나 상냥하고 재치 있는지에 따라 한 사람이 가
져오는 매출에 엄청난 차이가 생기게 된다. 고객 응대가 별것 아닌 것 같
고, 손님이 요구하는 것만 들어주면 되는 것 같지만 그게 아니다. 직원의
서비스 정신은 매출에 직결되어 있을 뿐만 아니라 단골손님 확보에도 중
요하게 작용하기 때문이다.

우리 식당은 직원의 성향이나, 스타일, 일하는 방식에 따라 직원들을 다
른 곳에 배치했다. 예를 들어 많은 손님이 한꺼번에 와도 우왕좌왕하지 않
고 손님들의 주문을 잘 받고, 놓치는 것 없이 꼼꼼하고 손발이 빠른 스타
일의 직원은 단체 손님에 배치했다. 그럼 다른 직원에게는 서빙을 도맡으
라고 하든지, 계산대를 전담해서 봐 달라고 하곤 했다. 직원 배치에 따라
서도 매출이 확연하게 차이가 난다.

다시 한번 말하지만, 매출은 고기의 맛에만 직결된 것이 아니라 여러
요소가 복합적으로 작용해서 차이가 나는 것이다. 그중에서도 직원의 태
도나 재치가 한몫한다고 볼 수 있다. 좀 힘이 드는 일을 해 주는 직원과
그 일을 옆에서 돕는 직원 둘이 메인이 되어 손님 앞에 나서서 일하고, 이
외 다른 일을 하는 직원을 나누어서 일을 시키는 것이 매출 상승에 도움
이 되었다.

처음부터 이러한 사실을 알았던 건 아니고, 장사를 해 보며 깨닫게 된 노하우이다. 지금 영업 중인 본설렁탕과 고깃집의 차이라고도 볼 수 있다. 설렁탕 식당에는 1인 손님도 많이 찾아오신다. 혼자 식사하시거나, 단체로 오셔도 대부분 간단히 식사만 하고 가신다. 추가 주문도 거의 들어오지 않는다. 그래서 직원들의 "무엇을 더 드릴까요? 필요한 게 있으신가요?" 등의 질문은 그렇게 큰 의미가 있지 않다. 그냥 "설렁탕 한 그릇 주세요."로 주문이 마무리되곤 하니 말이다.

그런데 고깃집은 다르다. 먼저 나서서,

"더 필요한 것이 있으신가요?"

등의 질문을 던져야 한다는 것이다. 고기의 질만 최상급이면 안 된다. '3박자'가 맞아야 한다. 도둑질도 손발이 맞아야 한다는 말이 있다. 장사도 다를 것이 없다. 손님, 직원, 사장의 마음도 손발이 맞아야 가게 매출이 상승하고, 똘똘 뭉쳐 오래도록 같이 일을 할 수 있는 것이다.

손님의 의도를 파악하고 타이밍을 맞추는 것이 일에 있어 정말 중요하다고 할 수 있는데, 이런 것이 바로 융통성이다. 우리가 흔히들 말하는 일머리와 동어 취급되는 것이다. 사회생활 경험이 적으면 적을수록 지시사항을 듣고 일을 처리하는 데에 어려움을 겪는다.

예를 들어서, 잔을 드렸는데 잔의 가장자리가 살짝 깨져 있는 경우, 이걸 본 손님이 잔을 교체해 달라고 요구한다. 그럼 잔을 바꾸어 드리는 일이 첫 번째고, 두 번째로 "손님, 죄송합니다. 혹시 베이거나 다친 곳은 없으신가요?"라고 물어보는 사람이 일에 있어 융통성이 뛰어난 사람이라고 할 수 있다. 만일 이런 일이 어렵게 느껴진다면, 손님의 관점에서 생각해 보면 된다.

'내가 손님이라면 어떤 의도로 이런 말을 했을까?'

등의 질문을 나 자신에게 끝없이 던져 보는 것이다.

11

화가 잔뜩 난 손님

"사장님, 이게 뭐예요? 머리카락이 나왔어요."

"우리 자주 오는 단골인데, ○○가 나왔어요."

식당에서 흔히 볼 수 있는 풍경이다. 자주 볼 수 있는 흔한 이야기지만, 이런 상황에서 적절한 대처를 하지 못한다면 고객을 잃을 수도 있다. 예컨대 음식에서 머리카락이나 이물질이 나온 상황이다. 그렇다면 고객은 당연히 사장이나 직원을 부를 것이다. 이럴 때 어떻게 대처하느냐에 따라 그 고객이 우리 식당을 다시 한번 찾아 줄지, 아니면 다시는 오지 않을지가 결정된다.

음식에서 머리카락이나 이물질이 나온 일은 전부 식당의 불찰이다. 변명할 여지가 없는 상황에서 우리 잘못이 아니라고 발뺌하면 손님의 신뢰를 아예 잃게 된다. 본인의 잘못을 인정하고 같은 실수를 반복하지 않는 일이 말로는 쉽게 들려도, 생각보다 어렵다. 신경 쓸 만큼 썼다고 생각했는데 고객에게 불만이 들어오면 자존심이 상하기도 한다.

하지만 잘못을 인정하고 반성과 개선의 의지를 보여야 한다. 손님의 관점에서 생각해 봐야 하는 것이다.

내가 어떤 식당에 가서 밥을 먹었는데 머리카락이 나왔다면 기분이 어떻겠는가. 돈은 돈대로 냈고, 맛있게 잘 먹다가 입맛이 뚝 떨어져 버린다. 그때 사장님에게 여기서 머리카락이 나왔다고 말했을 때 사장님이 자기들의 잘못이 아니라는 식으로 대처한다고 생각해 보라. 이것만큼 기분 나쁜 일이 없을 것이다.

그리고 요즘같이 배달 주문 비중이 높아진 시기에는 손님들의 이런 기분이 리뷰로 바로 작성되고, 배달을 겸하는 매장의 입장에서는 치명적일 수밖에 없다. 그래서 좋지 않은 평이 달린 리뷰가 작성됐을 때 매장의 실수를 인정하고 진심으로 사과하는 답글을 작성한다면, 고객 또한 리뷰를 삭제하거나 별점을 수정해 주는 등 어떠한 형태로든 보상을 받을 수 있다.

장사하는 사람도 똑같다. 언제나 손님의 관점에서 생각하고 행동해야 한다. 죄송하다는 말은 어려운 말이 아니다. 사과할 일이 생겼다는 건, 발전할 수 있는 가능성과 여지가 있다는 뜻이다. 그러니 손님의 항의에 자존심이 상한다고 변명이나 발뺌하기보다는, 자존심을 잠시 내려놓고 손님의 관점에서

- 역지사지의 방식으로 생각해 보는 것
- 정중한 사과를 드리는 것
- 다시는 같은 실수를 반복하지 않게끔 개선의 방안을 생각하는 것

이런 것들이 중요하다. 장사는 그런 것이다. 물론 머리카락이나 이물질이 나온다거나 하는 일은 있을 수 있다. 식당에서 일하는 분들도 전부 사람이니까. 가끔은 쌈 채소에서 애벌레 같은 벌레가 나올 수도 있다. 어찌 보면 흔한 일일 수 있지만, 우리는 그런 것들을 돈을 받고 파는 입장이고

손님들은 돈을 지불하고 먹는 입장이지 않은가. 그러니 가볍게 넘어가서는 안 된다는 것이다.

그러니 이 세 가지만 기억하길 바란다.

  - 인정하고,
  - 사과하고,
  - 개선하라.

이렇게 쉽고도 어려운 것들이 잘 안돼서 영업이 어려워지는 식당이 있다. 손님을 대할 때는 자존심을 잠시 내려놓고, 손님의 관점에서 그 사람의 기분을 이해하려고 노력하면 된다. 어떻게 해야 우리 식당에 대한 신뢰를 저버리지 않을까 고민하는 것에서 장사는 성공이 보인다.

12
혼밥족에 대한 배려

　과거의 기억을 더듬어 보면, 난 혼자 음식점에서 밥을 먹지 못했다. 혼자 음식집에 간다는 것은 상상하기도 어려운 일이었다. 혼자 끼니를 때우는 것이 쑥스러워 빵과 우유로 식사를 대체하는 일이 일상이었고, 쑥스러움을 조금 극복했을 때도 은박지에 포장된 김밥 한두 줄을 먹는 것이 전부였다.

　하지만 오늘날에는 많은 것이 바뀌어 이른바 '혼밥족'이 낯설지 않은 시대적 분위기이다. '혼밥족'은 혼자 끼니를 때우는 것을 전혀 부끄럽게 생각하지 않고, 오히려 그것이 편하고, 혼자 식사를 즐김으로써 만족스러운 식사를 할 수 있다고 생각하는 사람들이 대다수이다. 그들의 영향으로 요즘 식당에는 1인 손님들을 위한 테이블이 늘어나고 있다. 아예 1인석밖에 없는 혼밥족 전용 식당까지 나올 정도이니 말이다.

　나 역시 혼자 식사하러 오시는 분들을 배려하려 노력하기도 했다. 이곳저곳 다육식물을 배치해서 혼자 드시는 분의 삭막함을 조금이라도 줄여 보려 했고, 아주 바쁜 시간대가 지나면 혼자 오신 분들이 굳이 1인석의 좁은 자리가 아니어도 2인석이나 4인석의 자리에 앉으시도록 배려하기도 했다.

　　"손님 편하신 곳에 앉으세요."

라는 말은 손님을 아주 편하게 해 주는 말이기도 하다. 굳이 좁은 자리에 앉지 않아도 되는 혼밥 손님을 배려하는 뜻이 내포된 말이기도 하다.

식당에 어린 아기를 데리고 오신 손님께는 편하신 자리에 앉으라는 한마디와 함께 유아 전용 의자를 챙겨 드리고 있다. 아이와 부모가 든든한 한 끼 식사를 해결할 수 있도록 우리 쪽에서 최대한의 서비스를 제공하는 차원에서라도 아이와 부모가 함께 나눠 먹을 수 있는 백설렁탕을 추천해 드리기도 한다. 주문받은 뒤에는 유아용 그릇과 미니 국자, 수저, 포크를 드린다. 그것을 받은 뒤 부모가 보내는 감사의 미소가 내 원동력이 되며, 그분들이 우리 식당에 다시 오게 만드는 결과로 이어진다.

우리 식당에 방문하시는 손님들이 많고 많은 식당 중 우리 식당을 '선택'해 주셨기에, 방문해 주신 손님들께 건네는 한마디의 말과 행동은 너무나 중요하다.

13

블랙 컨슈머의
불편한 진실 (1)

블랙 컨슈머(Black consumer)라는 말을 들어 본 적 있는가? 블랙 컨슈머는 악성 민원을 고의적·상습적으로 제기하는 소비자를 의미한다. 블랙 컨슈머 대부분은 입지 않은 피해를 거짓으로 꾸며 내 식당에 불만을 제기하여 식당의 이미지 및 수입에 타격을 입힌다. 그들의 악질적인 행동의 이유는 돈을 지불하기 싫거나, 다른 서비스들이 마음에 들지 않아서일 수 있고, 아니면 딱히 이유 없이 악질적으로 행동하기도 한다.

나 역시 몇십 년간 식당을 운영하며 블랙 컨슈머를 겪은 경험이 있다. 제일 기억에 남는 것은 십여 년 전 고깃집을 운영할 때 왔던 사람들이다. 어느 날 여섯 명의 건장한 성인 남성 여섯 명이 고깃집을 찾았는데, 자기들은 2층에서 먹겠다며 위층으로 올라갔다. 우리는,

'아, 저 사람들이 매상 좀 올려 주려나?'

라는 생각이었다. 직원 두 명도 같이 올려 보내 서비스도 정말 많이 줬다. 그런데 시간이 조금 지난 뒤, 고기 1인분 정도가 남았을 때 그 손님들이 "사장님 좀 불러와라."라면서 나를 찾는 게 아니겠는가? 그에 올라가서 무슨 일이냐 물었더니 내게 대뜸 손톱 조각을 보여 주며,

"야채무침에서 이런 게 나왔다. 우린 돈 못 내겠다."

라고 말했다. 손톱은 엄지손톱으로 보였다. 우리 직원들의 손톱과 하나하나 대조해 보았을 때 그 손톱의 주인으로 추정되는 사람은 아무도 없었다. 결국 그 손님들은 돈을 지불하지 못하겠다며 무려 13만 6천 원어치의 고깃값을 내지 않고서 가게를 나갔다.

그렇게 작정하고 덤벼드는 사람들에게는 대응할 방법이 없다. 그 사람들이 위생과에 신고하면 우리 가게만 손해일 뿐이고, 인터넷에 글이라도 좋지 않게 쓰면 식당이 망하는 건 한순간이다. 그래서 이럴 때는 머리만 연신 조아리며 죄송하다는 말만 반복한다. 10여 년이 지났어도 이 기억은 정말 생생하다.

또 한 번 비슷한 일이 있었는데, 이 일은 코로나 사태 이후 본설렁탕을 운영하며 일어난 일이다. 코로나 시기에는 배달 주문이 엄청나게 많았다. 저녁 식사 시간대부터, 오후 9시 15분쯤 매장 마감을 하고 들어가는 시간까지 배달 주문은 끊이지 않았다.

문제는 배달을 내보낸 이후 1시간 정도는 전화기를 놓지 못한다는 점이다. 마지막까지 나간 10여 건의 배달이 고객의 집에 잘 갔는지, 불편한 점은 없었는지, 누락되거나 바뀐 메뉴는 없었는지, 콜 센터를 통한 고객의 소리에 집중해야 하기 때문이다. 그렇기에 장사를 마치고도 50분가량은 전화기를 손에서 놓질 못한다.

그런데 어느 날 겨울, 밤 10시 50분 즈음이었다. 장사를 모두 마무리했고, 이제는 잠자리에 들어도 될 시간인데 핸드폰이 울렸다. 배달 앱 고객

센터였다. 인근 아파트였는데, 주문한 설렁탕에서 머리카락이 1개라면 그냥 먹겠는데 3개나 나왔다며 4만 6천 원어치의 설렁탕 환불을 요청하는 전화였다. 그때도 알 수 있었다. 위에서 언급한 사례와 같은 형태의 클레임이었다.

물론 우리 과실로 한 개 정도의 머리카락이 들어간 적은 있을 수 있겠지만, 거짓말을 하는 사람들은 우리 입장에서 티가 나 금방 알아볼 수밖에 없다. 우리는 모두 위생모를 철저히 쓰고 일할뿐더러 몇 년간 셀 수도 없는 수의 고객들을 응대했으니 그게 말이 되는지, 안 되는지 구분할 수 있다. 하지만 온라인상의 주문에 있어서는 우리 업소는 무조건 을의 위치에 설 수밖에 없다.

이런 악성 민원을 제대로 처리하지 못하면 온라인 후기에 장문의 악성 댓글이 달린다. 그 하나의 악성 댓글이 우리 가게의 이미지를 결정하고, 매출을 결정하기에 대처에 있어서는 신중해야 할뿐더러 무조건 죄송하다고 하며 빌 수밖에 없다.

이런 민원을 넣는 사람들은 대개 새로 음식을 해 달라고 요구하기보다는 환불을 요구한다. 그럴 땐 군말 없이 환불해 줄 수밖에 없다. 한창 코로나 때문에 온라인 배달이 치열했기도 하고, 그 사람들도 소상공인들이 온라인 배달로 얻는 수입이 중요하다는 사실을 꿰뚫고 그 간절함을 이용했던 것이다.

14

블랙 컨슈머의
불편한 진실(2)

　하루는 한 지인을 3년 만에 만난 적이 있다. 그런데 그 사람은 아직도 2019년 겨울의 깊은 늪에서 발버둥 치고 있었다. 그맘때쯤, 청소년에게 주류를 판매해 청소년 보호법 위반으로 2,400만 원의 벌금을 물고 경제적으로 힘든 상황에서 설상가상 코로나까지 창궐한 것이다. 영업장은 방역 시간제한 조치 및 거리 두기로 오래 영업할 수 없었고 매출을 올릴 방법이 없었다고 한다.

　청소년에게 주류를 팔았다는 이야기를 자세히 들어 보니 이러했다. 그 사람들은 내점 고객으로, 입장할 때는 두 명의 성인뿐이었으나 주인장과 직원이 정신없이 일하는 새에 청소년이 합류해 테이블의 술을 마신 것이다. 그렇게 청소년에게 주류가 판매되었고, 손님들 가운데 한 명이 고의로 112에 신고하여 현장에서 청소년 주류 판매가 적발된 것이다.

　이런 일이 처음이었기에 현장에서 손쓸 틈도 없이 큰 금액의 벌금을 물어야 했지만, 조기 대처가 정말 아쉬웠다는 생각이 들었다. 청소년과 성인이 함께 있는 테이블은 그 테이블에 주류가 있어도 그것을 청소년 주류 판매로 보지 않을 수도 있다는 사실을 몰랐다고 한다.

　우리나라 대법원은 이와 같은 사안에 대하여 "음식점을 운영하는 사람이 그 음식점에 들어온 여러 사람의 일행에게 술을 판매한 행위가 청소년에게 술을 판매하는 행위에 해당하기 위해서는 그 일행에게 술을 주었을 당시 그 일행 중 청소년이 포함되어 있었고 이를 음식점 운영자가 인식하고 있었어야 할 것"을 청소년 보호법 위반 성립에 필요한 요건으로 꼽았다.

또한 청소년 합석에 대하여 "술을 내어놓을 당시에는 성년자들만이 자리에 앉아서 그들끼리만 술을 마시다가 나중에 청소년이 들어와서 합석하게 된 경우에는 처음부터 음식점 운영자가 나중에 그렇게 청소년이 합석하리라는 것을 예견할 만한 사정이 있었거나, 청소년이 합석한 후에 이를 인식하면서 추가로 술을 내어 준 경우"여야 청소년에게 술을 판매한 행위에 해당한다고 보았다.

이러한 대법원의 합리적인 판단은 많은 소상공인에게 도움이 되겠지만, 이런 것들에 문외한인 소상공인들이 적지 않은 현실이다. 또한 대부분의 블랙 컨슈머는 일부 소상공인들이 법에 어둡고, 을의 위치에 서 있다는 것을 꿰뚫고 있기에 대담하고 악질적인 만행을 저지르는 것이다. 또한, 대처방안을 잘 알고 있더라도 막상 블랙 컨슈머를 실제로 만나면 당황스럽고 놀란 마음이 앞서 제대로 대처하기 어렵다.

비단 음식집을 운영하는 사람들만 블랙 컨슈머의 피해를 보는 것이 아니다. 모든 사업장이 예외는 아니다. 21년 6월경 제주도에서 손님들이 편의점 점주를 폭행하는 사건이 일어났는데, 편의점을 찾은 손님들은 맥주 3캔을 구매해 편의점 내 테이블에 자리를 잡고, 맥주를 마시며 담배를 피우기 시작했다. 이에 담배를 꺼 달라며 수차례 부탁했으나 돌아오는 건 폭행이었다. "어린놈이 싹수가 없다." 등의 폭언을 퍼부으며 수차례 폭행을 가했고, 보복이 두려워 "죄송하다"라는 말밖에 할 수 없었다고 편의점 점주는 전해 왔다.

이렇게 점포에서 직접적으로 일어나는 블랙 컨슈머 관련 사건은 뉴스나 기사를 통해 적지 않게 접해 본 적 있으리라 짐작된다. 그러나 코로나19가 전 세계적으로 유행하며 음식 배달 시장이 상상 이상으로 확대되었고, 이를 통해 음식점에 대한 온라인 후기가 정말 중요해졌다. 오로지 온라인 후기만 맹신하며 음식을 주문하고, 그에 대한 평판을 예단하는 소비자들이 대다수이기 때문이다.

그들의 행태를 보다 보면 2012년 '채선당 임산부 폭행' 사건이 생각나곤 한다. 이 사건은 한 임산부가 채선당에 방문해 종업원에게 배를 걷어차이는 폭행을 당했다고 주장하는 글이 인터넷에 올라온 것에서부터 시작된다. 이후 전국적으로 채선당 불매운동이 벌어졌고, 사건이 경찰과 언론까지 닿게 되자 조사에 착수했으나, 결과적으로 종업원에게 폭행당했다는 글은 허위 사실인 것으로 판명되었다.

'소비자들의 알 권리'를 명분 삼아 허위 사실을 게시하는 블랙 컨슈머의 행태는 코로나가 유행하는 오늘날 온라인 배달 앱의 후기에서 그대로 드러난다. 서울 동작구에서 김밥 가게를 운영하던 50대 점주가 뇌출혈로 사망한 사건을 기억하고 있는가?

그 사건은 이러하다. 배달 앱 '쿠팡 이츠'를 통해 새우튀김을 주문한 소비자가 "새우튀김 세 개 중 한 개의 색이 다르다"는 항의 전화를 했고, 점주는 새우튀김 1개 값을 환불해 주겠다며 대응했으나 그에게 돌아온 것은

"부모가 그렇게 가르쳤냐?", "세상 그렇게 살지 마라." 등의 폭언이었다.

결국 점주는 새우튀김값을 환불해 주고 사과했으나 고객은 음식값 전액 환불을 요구했고, 쿠팡 이츠 후기에 "개념을 상실한 주인"이라는 댓글과 함께 이른바 '별점 테러'(문제가 없었음에도 악의적으로 별점 1점을 등록하여 가게 평균 별점이 하락하게 하는 것)를 했다.

쿠팡 이츠 센터는 고객의 항의에 점주에게 주문 건을 전체 취소하라는 요구를 했고, 점주는 쿠팡 이츠 센터와 통화 중 쓰러졌다. 결국 점주는 3주 뒤 사망하였다. 알고 보니, 환불을 요청한 고객은 이전에도 세 차례가량 주문한 내역이 있었으며, 그때마다 음식을 다 먹은 후 환불을 요구하던 '악성 고객'이었다.

참으로 안타깝고, 화가 나는 일이다. 소상공인의 현명한 대처를 요구하기 전, 이러한 블랙 컨슈머의 뿌리를 뽑아 버릴 수 있는 어떠한 장치가 선행되어야 한다고 생각한다. 동종업계에 종사하는 사람들의 블랙 컨슈머 일화를 들을 때면 "나도 그런 적이 있었지."라며 쓴웃음이 나기도 하고, 위와 같은 사건이 일어났다는 이야기를 들을 때면 마음이 무거워지곤 한다.

잘살아 보겠다며 마음먹고 시작한 장사가 이러한 블랙 컨슈머로 인해 무너지고 마는 것이기 때문이다. 현재 일각에서는 블랙 컨슈머를 양산하는 후기나 별점 제도를 개선하라는 목소리가 나오고 있다. 블랙 컨슈머에 가게 측의 손해 없이 대응할 수 있는 지침이나, 관련 법안이 나오지 않는 이상 소상공인의 피해는 끊이지 않을 것이다.

15

우리 동네
나눔 챌린지

내가 현재 운영 중인 식당은 물론, 수많은 소상공인의 가게들은 해당 '지역사회' 울타리에 속해 있다. 우리 설렁탕 가게는 안산에 있으며, 그곳에서 몇 년간 장사를 이어 가는 중이다.

지역사회에는 다양한 사람들이 거주한다. 어른, 아이, 어르신 등등. 다양한 나이대의 사람들이 한 지역에서 사회적으로 상호 작용하며, 조직문화를 이루어 본인의 공동체에 대한 일체감을 느끼게 된다. 서로 가까워져 정이 든 이웃은 사촌 형제와 다를 바 없다는 '이웃사촌'이라는 말도 있는 것처럼, 그 이웃사촌들이 같은 공간에서 어우러져 비로소 하나의 사회를 이루게 되었을 때 '지역사회'가 형성되는 것이다.

필자가 현재 운영 중인 본설렁탕은 해마다 이곳 지역사회를 대상으로 '특별한' 챌린지를 진행한다. 그건 바로, '우리 동네 본설렁탕 나눔 챌린지'라는 캠페인이다. 한식 프랜차이즈 기업 본아이에프 본사부터 꾸준하게 다양한 나눔을 진행해 왔다. 대표적으로는 소아암 환자와 가족을 위한 상품권 나눔, 지역사회 소외된 이웃을 위한 사회 공헌 물품 나눔 등이 있다.

또한 본아이에프는 본 설렁탕 가맹점들과 함께 2015년부터 매년 나눔을 이어 오기도 했다. 코로나바이러스와 맞서 싸우는 의료진 및 근무자를 대상으로 한가위를 맞아 '본설렁탕 가정간편식 세트'를 지원하기도 했다. 640

만 원가량의 설렁탕 간편식 세트를 전국재해 구호협회를 통해 전달하며,

> "끝이 보이지 않는 답답한 상황이지만, 든든한 본설렁탕 선물과 함께 마음만큼은 넉넉한 한가위 보내시기를 바란다."

고 전해 온 바 있다.

본설렁탕 역시 이에 그치지 않고 2021년 3월부터 제1차 '우리 동네 본설렁탕 나눔 챌린지'를 시작했다. 이 캠페인에는 본설렁탕 안산 선부점을 포함해 우장산역점, 인천 루원시티점, 전주혁신점 4곳의 가맹점이 참여해, 취약계층 어르신과 조손가정의 든든한 한두 끼의 식사를 책임졌다.

이 챌린지의 핵심은 '지역사회' 및 '공동체 의식'에 근거하여 더불어 살아가는 지역사회를 만들고자 소외되는 가정과 사람을 대상으로 식사 지원을 하는 것이다. 이 행사에서는 지역사회의 복지관과 협력하여 사회복지 담당자와 봉사자들이 본설렁탕을 독거노인, 한 부모 가정, 저소득 아동 가정, 장애 가정에 직접 방문하여 전달하는 방식으로 이루어진다.

'나누는 우리, 통하는 이웃, 즐거운 마을'

캠페인의 목적을 한 문장으로 요약하면 위와 같다. 또한 이 캠페인은, 간편한 한 끼를 책임질 수 있는 설렁탕을 팩으로 전달하여 끼니를 챙기기 힘들거나, 한 끼조차 제대로 챙길 수 없는 형편인 사람들을 돕는 데 의의가 있다.

작년에는 170팩가량의 홍·황·백설렁탕을 가정마다 전달하여 독거노

인의 끼니를 책임진 것은 물론, 거동이 어려워 직접 장을 보기 어렵거나 식당에 방문하기 힘든 어르신의 영양 지원에 크게 이바지한 바 있다. '지역사회'라는 개념에 부합하는 캠페인으로서 사람들에게 선한 영향력을 행사하고, 더불어 살아가는 사회를 도모하는 데 본설렁탕도 일조하는 것이다.

어쩌면 번거롭다고 생각될지 모른다. '내 장사만 잘하면 됐지, 나 먹고 살기도 힘든데 남까지 도와야 하나?'라고 생각하는 사람도 분명히 있을 것이다. 하지만 그것은 단편적인 생각에 불과하다.

물론 한 지역에 자리를 잡고, 안정적인 장사를 하는 일은 중요하다. 내 밥그릇은 내가 챙겨야 한다는 말이 있듯, 내 장사를 누가 도와주는 것도 아니니 열심히 일해서 매출을 올려야 한다는 것도 맞는 말이다. 그러기 위해서는 손님들의 많은 수요와, 높은 매출이 최우선 가치가 된다. 하지만 더불어 사는 지역사회를 위해서는 한 걸음 더 나아가 조금 더 먼 곳을 바라봐야 한다.

이것은 꼭 장사로 돈을 많이 버는 것만이 중요하다는 것은 아니라는 뜻을 내포하고 있다. 우리 가게에서 시작한 선한 영향력의 캠페인이 지역사회에 도움이 되어 좋은 결과를 낳는 일이 반복된다면, 결과적으로 우리 지역사회는 살기 좋은 곳이 될 것이다. 그러한 환경 속에서 장사를 지속하는 것이 점주에게도, 더 나아가 모두에게도 좋지 않은가?

이와 같은 챌린지, 일종의 봉사활동은 무언가 대가를 바라고 하는 일이 아니다. 돕는다는 일 자체에 의의를 두는 것이다. 누군가는 대가 없이 돕는 일이 미련하다고 할지언정, 이 작은 움직임이 동네를, 더 나아가 우리 지역을 살기 좋은 따뜻한 곳으로 바꾸는 데 일조한다고 생각하면 마음이 뿌듯해진다.

"경제적으로 크게 위축되어 있는 수급 장애인 세대에 본설렁탕 나눔은 위로와 응원이 되었습니다. 어려운 이웃들을 위해 설렁탕을 후원해 주셔서 정말 감사드려요."

　　　　　　　　　　　　　　　　　 - 본설렁탕 우장산역점 나눔,
　　　　　　　　　　　　　　　 등촌 9종합사회복지관 사회복지사

"본사와 가맹점이 협력해 지역사회와 이웃들을 도울 수 있어 행복해요. 돈으로 살 수 없는 행복함이 있어 어려움도 이겨 낼 힘이 됩니다!"

　　　　　　　　　　　　　　　　 - 본설렁탕 전주혁신점 직원

"내가 몸이 불편하고 그래도 복지관에 가서 밥도 먹고 친구도 만나는 게 낙이었는데…. 코로나 때문에 집에만 있어서 그런지 안 아프던 곳도 더 아픈 것 같고, 매일 답답했는데 나 이거 먹으라고 직접 가져다 줘서 고마워요. 이따 저녁에 설렁탕 뜨끈하게 해서 밥 먹을 생각하니까 너무 좋네. 고마워요, 선생님."

　　　　　　　　　　　　　　　　 - 본설렁탕 전주혁신점,
　　　　　　　　　　　　　　 4회차 나눔 받으신 노인복지관 어르신

　나눔을 받은 사람뿐만 아니라, 나눔을 진행한 사람들 역시 감사하고 뿌듯하다는 마음을 전해 오곤 한다. 이는 돈으로 살 수 없는 행복과도 같다. 더불어 살아가는 세상을 도모하기 위한 노력이 사람들에게 온기가 되어 지역사회를 따뜻하게 만드는 모습을 보고 있노라면, 내일도 힘을 내어 장사할 힘과 용기가 절로 생겨난다.

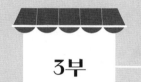

3부

코로나와의
공존을 꿈꾸며

코로나와의
공존을 꿈꾸며

코로나바이러스라는 전염병이 전 세계에 창궐한 지도 벌써 몇 년째 이어지고 있다. 이제는 피부처럼 느껴지는 마스크, 습관처럼 바르는 손 소독제 등등 바이러스로 인해 익숙한 것이 낯설어지고, 낯선 것이 익숙해졌다.

코로나 시대에 접어들고, 소상공인들의 피해 역시 적지 않았다. 그들이 호소하는 피해는 이전과는 전혀 다른 성질의 것이었다. 이제껏 경험하지 못한 위기일뿐더러 많은 소상공인은 최악의 상황인 '폐업'에까지 다다르기도 했다. 거리 두기, 영업시간 제한, 인원수 제한, 기타 정부의 방역지침 등 준수해야 할 사항들은 소상공인들의 등을 굽게 했다. 이제는 그 끝자락에 서 있다고 할 수 있겠다. '위드 코로나'. 코로나의 종식이 현재 의학 기술로는 불가능하고, 현실적으로도 어렵다는 것을 인지한 뒤, 정부가 코로나와의 공생을 선언했기 때문이다.

이것은 우리의 일상이 코로나와 함께 돌아간다는 것이다. 이로써 영업시간 및 인원수 제한이 해제되었고, 실외 마스크 착용 역시 해제되었다. 평범했던 일상과 맞닿은 듯하지만, 아직은 먼 감이 있다. 소상공인들의 피해는 여전히 회복되지 않았기 때문이다.

코로나와 함께 살아가는 현재의 시점에서, 소상공인들은 이 '위드 코로나'에 어떻게 대처해야 할까? 이제껏 한 번도 겪어 보지 못한 상황 속에서 장기적인 이익을 위해 어떤 대책을 세워야 할까? 많은 고민은,

"위드 코로나에 맞는 공존 전략 세우기"

라는 질문으로 귀결된다. 이제 이 새로운 국면에 맞서 A부터 Z까지 새로운 영업 전략을 세워야 한다는 것이다. 이번 장에서는 위드 코로나에서 소상공인이 살아남기 위한 정보 등을 담았다.

코로나로 인해 매출에 피해를 입은 소상공인들과 자영업자, 특히 나와 같은 길을 걷고 있는 음식업 사장님께 조금의 도움이라도 되었으면 하는 바람이다. 치열한 경쟁 시장 속에서도 누군가는 당신을 응원하며 돕고 있다는 작은 따스함을 느꼈으면 한다.

01

코로나 시국에
카페를 창업하다

코로나19가 창궐하고 모두 나와 같은 마음이었을 것이다. 나의 생애에 2020년은 삶과 죽음을 오갔다고 할 만큼 특별한 해이기도 하다. 장사라면 충분히 최선을 다하고, 정성을 다하면 성공하는 건 시간문제라고 생각했던 나였다. 그만큼 무엇이든 성공 매장으로 이끌어 낼 자신이 있었기 때문이다.

설렁탕 매장에서 차로 5분 거리에 커피 카페를 오픈하기로 점찍어 둔 장소가 있었다. 안산시 단원구 선부 2동 주택가가 밀집된 큰길 대로변이었고, 1층이고, 실평수 45평으로 원래는 식당이 자리하던 곳이었다.

건물의 2층부터 4층까지는 절 포교원이었다. 내가 차릴 카페 자리 1층 식당이 비워지고 그곳 공사가 시작되었는데, 완공까지 무려 2달이 걸렸다. 45평 공간 속에 30평은 조각 공방 공예품을 전시하였고, 15평 공간에는 커피 카페를 꾸몄다. 공사 기간이 길었던 이유는 워낙 오래된 건물이기도 했고 바닥부터 시작해 골조까지 뼈대만 남기고 새로 건축하다시피 꾸며야 했기 때문이었다.

다니는 절이 그곳에 위치해 있어서 조금은 더 안락한 휴식의 공간으로 만들고픈 욕심이 들었던 이유도 있었다. 절에 오시는 신도님들과 선부 2동 주택가 주민들의 좋은 휴식 공간이 될 거라 믿어 의심치 않았기에 준비하는 시간은 늘 설레었다.

우리나라를 포함하여 전 세계적으로 코로나 팬데믹의 고통이 시작된 이후 90여 일을 맞이할 즈음이었다. 당연히 나는 팬데믹 상황이 금방 종료될 거라 확신하고 두 곳에서 매일매일 좋은 매출의 기대 심리로 들떠 있던 시간이었다. 2달을 공사하고 야심 차게 준비해 2020년 4월 26일 오픈했다.

하지만 오픈하자마자 손님의 발길은 뜸해지고 날이 지날수록 방역지침은 강화되었다. 그해 8월부터 9시로 영업 제한, 테이블 인원 제한이 시작되고 2022년 3월까지 거리 두기의 방역지침은 끝나지 않았던 것을 기억할 것이다.

이러한 상황이 계속되어서 일 매출이 5만 원이 안 되는 날이 비일비재했기에 아르바이트 직원 1명과 함께 매장을 이끌어 갈 수밖에 없었다. 오픈 날짜를 앞두고 많은 지인들은 공사 중에도 취소하라고 계약금을 날리더라도 멈추기를 바랐지만, 이미 정했던 마음을 쉽사리 접고 싶지는 않았다. 고집이고 아집이어도 좋았다.

코로나 팬데믹이 점점 길어짐에 따라 매장 오픈을 위해 대출했던 원금과 이자마저 본설렁탕에서 겨우 돌려막기를 해야 되는 상황까지 가게 되었다. 당시의 나는 눈덩이 커지듯 커지는 마이너스 적자 운영으로 저녁이면 잠을 잘 수가 없었다. 모든 상황들이 자꾸 퇴보하고 있었으니 삶의 의욕마저 잃어 가는 날들이었다. 당시 사람들이라도 만나고 수다라도 떨었으면 이 고민도 줄어들 수 있었을 텐데, 그 당시는 어찌할 분위기도 아니었다.

그때 불현듯, 알고 지내는 스님께 카페에서 명리학 상담을 해 주실 것을 신중하게 요청해 보기로 했다. 스님도 흔쾌히 허락해 주셨고 '조각공방 and 사주카페 커피하우스'로 사업자 상호 변경을 한 뒤 구전 마케팅을 주 타깃으로 삼아 블로그, 인스타, 페이스북을 통한 홍보 마케팅을 하게 되었다.

필자가 창업 6개월 만에 궁여지책으로 고안해 낸 이 아이디어가 명쾌하게 과녁을 명중했다고 생각한다. 코로나 팬데믹으로 망연자실하게 오는 사람만을 기다릴 수가 없어서 선택했던 아이디어는 신의 한 수였다.

'사주 상담 1인 1만 원'

의 홍보 및 LED 간판의 교체비와 수많은 날을 고민하고 발품을 팔아 가며 여러 사주카페의 벤치마킹을 하고 심사숙고 후 결정한 결과였다. 매장 내에서 음료도 팔고, 조각 공예는 자유롭게 구경할 수 있게 하되, 사주풀이만큼은 예약제를 유도해 나갔다.

손님들은 구경하시다가 소품들을 사 가셨고, 맞춤 제작을 의뢰하는 분들도 점차 늘어났다. 삶의 어려움을 겪고 있는 사람들에게는 스님의 1만 원의 사주풀이 상담이 때로는 위로와 위안이 되기도 했다. 하루하루 시간이 흘러가면서 우리 가게는 손님도 점점 늘어났으며, 지금은 예약하지 않으면 몇 시간을 기다려야 하는 안산시 선부동 지역의 안산 사주카페로 발돋움하게 되었다.

"삶의 위기에서 언제까지 울고만 있기에는 나 자신만큼은 정말 위대한 존재가 아니던가?"

위기는 기회가 되기도 한다. 녹록지 않은 세상의 풍파에 진입장벽이 높은 나만의 차별화되는 아이디어와 색다른 전략은 너무나도 중요하다고 생각한다.

02

바이러스와의
공존을 선언하며

코로나19의 공포가 얼마나 무서운 존재로 다가왔었는지 기억이 생생하다. 팬데믹은 모두에게 한마디로 '공포 그 자체'였다. 아직도 그 기억이 생생하다. 식당 입구에도 인력을 써서 손님들의 인적 사항을 적게 하고, 하루에 몇십 번씩 소독하고, 영업시간 제한 조치를 하고, 거리 두기 제한 조치로 가게 문을 닫아야 하는 절망 속에 억지 춘향으로 영업장에 출근해야만 했다.

인류가 겪었던 대재앙을 알긴 했지만, 생애 처음 맞이한 바이러스이므로 모두 당혹스러웠을 것이다. 공상 소설처럼 눈에는 보이지 않지만, 공중에 떠 있는 공포. COVID-19는 지구촌에서 가장 발달한 선진국을 먼저 강타했고, 점차 후진국으로 퍼지기 시작했다. 산업혁명 이후 250년간 쌓아 올린 문명의 탑이 일순간 무너지는 순간이었다. 위풍당당하고 찬란한 선진 문명의 위엄이 초라한 몰골을 드러낸 것이다.

코로나바이러스가 전 세계를 강타하며 우리의 생활은 180도 달라졌다. 당연하던 일이 당연하지 않고, 당연하지 않던 일이 당연해지는 시대가 온 것이다. 대재앙 속에서 무엇이 달라졌는지 '음식'과 관련하여 보자면, 제일 처음으로 떠오르는 것은 다름 아닌 배달 시장이다.

코로나바이러스 이전에는 배달 시장이 크지 않았다. 배달 앱 '배달의민

족'에는 배민 원(ONE)이라는 서비스가 있는데, 빠르고 신속한 음식 배달을 원하는 소비자가 늘어나 한 번에, 한 집만 배달하는 서비스를 추가한 것이다. 이처럼 코로나바이러스로 인해 바뀐 우리의 생활 중 가장 대표적인 것이 배달 서비스라고 할 수 있다. 더불어 많은 분야에서도 비대면 서비스가 제공되기 시작했다.

코로나로 인해 전 세계는 새로운 국면을 맞고, 모두가 그에 맞는 변화를 도모해 나름의 방식으로 코로나를 이겨 나가고 있다. 그렇다면 우리 소상공인은 어떤 변화를 도모하여 코로나를 이겨 나가야 할까. 아니, 이제는 이겨 나간다기보다는 코로나와 공존하는 방안을 모색하는 것이 옳은 일이라고 할 수 있겠다. 코로나에 무기력해지고, 난항을 겪던 몇 년 전에서 벗어나 이제는 '안정기'에 접어들 수 있는 방법을 찾아야 한다.

아래에서는 코로나와 공존하게 된 소상공인들을 위한 몇 가지 팁을 소개하고자 한다.

코로나19 거리 두기 단계에 따라 점포 운영에는 많은 변수가 있었으며, 그에 따른 어려움이 매우 커 전국 자영업자와 소상공인은 큰 피해를 보곤 했다. 지역에 따라 점포 운영시간, 인원 제한 등이 다르고 각 점포 면적에 따라 동시 입장이 가능한 인원도 다르기 때문이다.

이에 따라 주문 배달에서는, 전체 주문 중 점심과 저녁 시간대의 주문 비중이 기존의 야식 주문 비중보다 증가했으며, 배달 주문을 받지 않던 식당도 배달 주문을 받게 되었다. 그야말로 비대면이 일상화된 것이다.

이제는 코로나19와 함께 살아가는 '위드 코로나' 시대다. 비대면 주문 비중이 점차 감소하고, 다시 오프라인 방문 비중이 증가하는 추세다. 이에 따른 점포 운영 방식을 모색하여 유동적인 정부 방침에 집중해 효율적인 장사를 해야 할 것이다.

위드 코로나에 접어들어 오프라인 매출이 상승했지만, 온라인 매출 역시 무시할 것이 못 된다. 코로나가 안정기에 접어들었대도 몇 년간의 비대면 주문으로 인해 배달은 일종의 '습관'이 되었다고 할 수 있기 때문이다. 즉, 코로나로 인한 위험성이 현저히 낮아졌음에도 불구하고 몇 년간 지속해 온 생활로 인하여 배달은 사람들에게서 분리될 수 없는 하나의 생활 방식으로 자리 잡았으며, 큰 변화가 없는 한 온라인 주문은 꾸준히 들어올 거라는 말이다.

코로나19가 심각했던 2020~2021년에는 가구의 인원수나 연령대에 구애받지 않고 많은 주문이 들어왔었다. 하지만 코로나가 진정된 후, 배달 주문을 선호하는 연령대와 그 특징이 조금씩 뚜렷해지고 있다. 배달 음식을 가장 많이 주문하는 고객들은 이른바 MZ세대. 연령대로 치면 20~30대이다.

MZ세대는 자신의 가치관을 중요시해 배달 음식에서도 그러한 가치를 찾는다. 육류 소비를 하지 않는 채식주의자(비건)도 늘어나고 있으며, 사용하는 식자재의 동물복지 여건을 살펴보기도 한다. 사람들이 추구하는 가치는 다양하다. 위에서 언급했듯 채식, 동물복지 등이 하나의 가치가 될 수도 있으며, 그것보다 사소한 것이 한 사람의 가치가 될 수 있다. 이를테면 위생이나 원산지 등이다.

그러니 업주는 이러한 MZ세대의 가치를 파악하여 그 가치에 부합하는 메뉴를 개발하거나, 본래 가지고 있던 가게의 장점을 소비자가 추구하는 가치와 결부하여 의도적으로 강조하는 것이 중요하다고 할 수 있겠다. 예컨대 본인의 가게가 공정무역 원두를 사용한다면, 그것을 배달 플랫폼 내에서 강조하는 것이다. 방법은 단순하지만, 그 단순한 강조로 매출이 눈에 띄게 달라질 수 있음을 기억하면 좋을 것이다.

또한, 1인분 주문을 원하는 소비자도 많이 늘어났다. 전국적으로 1인 가구가 늘어남에 따라 자연스럽게 생긴 현상이다. 업주는 1인 가구를 대상으로 하여 그들이 가격의 부담 없이 편안한 마음으로 배달시킬 수 있는 음식을 개발하는 것이 좋다.

이러한 사람들을 주 대상층으로 한다면, 아예 '혼밥 세트' 카테고리를 따로 개설하는 것 역시 좋은 방법이 되겠다. 기존 메뉴는 그대로 유지하되, 기존 메뉴를 1인분씩 팔며 거기에 혼자서도 음식을 충분히 즐길 수 있는 부가적인 것들을 추가하여 판매하는 것이다.

오늘날에는 혼밥족뿐 아니라 혼술족 역시 늘었다(혼자 술을 마시는 사람들을 일컬어 '혼술족'이라 한다). 그러니 혼술족을 위한 술안주 세트를 구성해 보는 것도 좋다. 혼술족의 대다수는 주로 직장인들인데, 코로나로 인해 회식이 줄어들어 오롯이 혼자만의 저녁 시간에 여유롭게 '혼술'을 즐기고자 하는 사람들이 증가했기 때문이다.

"이제 음식은 끼니를 때우기만 하면 되는 것이 아니라 즐기는 개념이
되었다."

말 그대로 음식을 즐기는 사람들이 늘어나며 양은 적지만 예쁘고 보기

좋은 음식이 사람들의 이목을 끌고 유행을 타는 것처럼 말이다. 이에 따라 사람들은 배달 음식도 즐길 수 있기를 바란다. 단순히 배만 부르면 된다는 생각보다는, 집에서도 '정성 들인 한 끼'를 즐기고 싶어 하는 사람들이 많아진 것이다.

코로나는 아직도 이어지고 있는 실정이다. 위드 코로나를 통해 코로나와의 공존을 선언했으나, 코로나가 종식되기 전까지는 우리가 어떤 위험에 빠질지, 어떤 일이 닥칠지 모른다.

그러므로 위드 코로나가 시작되었다고 해서, 당장 온라인 주문을 접고 오프라인 판매에만 집중할 생각은 하지 말아야 한다. 오히려 온라인 주문의 '장점'을 만들어야 오프라인·온라인 판매의 두 마리 토끼를 다 잡는 현명한 사장님이 될 수 있다.

03

많이 팔리는 음식이
좋은 음식이다

소비자 대부분은 온라인상에서 좋은 상품만 잘 팔린다고 생각할 것이다. 매출이 높은 물건은 '좋은 상품'이라는 관념이 모두에게나 있기 때문이다. 하지만 꼭 온라인상에서 좋은 상품만 잘 팔리는 것일까? 나는 꼭 그렇다고는 말할 수 없다고 생각한다. 잘 팔리는 상품이 곧 좋은 상품이라고 말하고 싶다.

음식도 대부분 그렇다. 많이 팔리는 음식이 곧 좋은 음식이 되기도 한다는 뜻이다. 과거 적당히 맛있게 음식을 만들어 적당히 깔끔하게 준비하고 손님을 기다리던 식당의 시대는 지나갔다. 음식점 역시 이제는 자신만의 홍보 전략과 필살기가 필요해졌다. 음식점의 수명과 더불어 기업의 수명도 고객이 정해 주는 시대가 온 것이다.

"장사를 시작했다면 제일 처음으로 해야 할 일이 무엇일까?"

바로 가게 홍보다. 홍보를 통해 가게를 사람들에게 각인시키고, 가게에 방문하게끔 유인하는 것이다. 홍보 방식은 크게 오프라인 홍보와 온라인 홍보로 나뉜다.

오프라인 홍보는 우리가 흔히 생각하는 이른바 '발로 뛰는 영업'이라고 할 수 있겠다. 지나가는 사람들을 붙잡고 "저희 가게 한번 와 보세요!"라고 외치며 전단지를 주는 것, 외부 건물이나 버스, 지하철 등을 이용해 광고 하는 것, 길거리에 배너를 다는 것 등이 전부 오프라인 홍보다.

온라인 홍보는 오프라인 홍보보다 훨씬 다양한 방식으로 이루어질 수 있는데, SNS를 통한 홍보나 블로그를 통한 홍보 등이 대표적이다. 오늘날 에는 '바이럴 마케팅'이라는 것이 인기이기도 하다.

많은 SNS 중 대세인 인스타그램(Instagram)은 밀레니엄 세대들이 맛집 정 보나 인기 있는 장소를 찾거나 트렌드를 살펴볼 때 주요 사용하는 채널로 꼽힌다. 단순히 사진 한 장을 찍어 올리는 데 그치지 않고 관심사가 같은 사람들과 자신의 경험을 공유하고 정보를 교환하면서 소비한다. 그래서 최근 인스타그램(Instagram)과 '할 수 있는'(able)의 뜻이 합쳐진 인스타그래머 블(Instagramable), 즉 '인스타그램에 올릴 만한'이라는 뜻을 가진 신조어가 뜨 고 있다.

먼저, 요식업계가 가장 많은 영향을 받았다. 인스타그램에 올릴 만한 음 식, 가게의 분위기 등을 사진과 영상으로 올리는 것이다. 음식의 맛도 중 요하지만 보이는 게 더 중요시되어 같은 음식이라도 사람들의 눈을 사로 잡기 위한 방법이 중요해졌다. 요식업계들은 먹음직스러운 비주얼을 완성 하기 위해 한눈에 봐도 푸짐해 보이는 음식과 재료의 색상 조합까지 신경 쓰며 예쁘고 화려한 플레이팅을 하고 기존 메뉴와 차별화된 메뉴를 갖추 기 위해 그동안 보지 못했던 이국 음식 메뉴 등 새롭고 독특한 음식을 개발 하여 '사진 찍기 좋은 감성'의 음식도 내놓고 있다.

이렇게 인증샷이 SNS에 많이 업로드되고 공유되어 입소문이 나면 단골 고객을 확보하는 데도 큰 도움이 되기도 하지만 핫플레이스가 되어 더 많은 고객을 확보할 수 있다. 인스타그래머블은 소비에 영향을 미치는 중요한 요소가 되었다.

SNS를 통해 개인의 일상과 취향을 기록하고 공유하는 것이 자연스러워졌고 현재 가장 트렌디하고 있어 보이는 것들을 하고 싶어 하는 욕구와 트렌드를 따라가지 않으면 뒤처지는 것 같은 심리 때문이다. 다양한 업계에서도 SNS식 트렌드 소비에 주목하며 마케팅의 주요 방향성으로 삼고 있다.

식당의 경우 '맛'이라는 본질을 잊고 너무 비주얼에만 치중하는 것만이 능사는 아니지만, 소비자가 원하는 트렌드를 따라가 관심을 끌게 해야 소문난 음식점으로 홍보될 수 있다.

04

소통할 줄 아는
가게가 성공한다

나는 배달 고객들이 써 내려간 리뷰에 답글을 다는 시간으로 아침을 맞는다.

"고객님, 맛있게 드셨다니 감사드립니다. 고객님의 정성스러운 리뷰에 오늘도 파이팅 가득한 하루를 시작하네요. 고맙습니다! 더 좋은 설렁탕집이 될게요!"

'SNS 채널'을 통해 고객의 피드백을 받아들이는 방법이다. 요즘 시대는 '먹찍공(먹고, 찍고, 공유하고)'의 시대이다. 수많은 젊은 고객들은 폭넓게 SNS 망을 사용하고 있다. 그들은 식당을 이용하고 난 뒤 트위터·페이스북·인스타그램·블로그·유튜브 등을 통해 후기를 올린다.

자투리 시간을 활용하여 내 가게를 검색하여 올라온 후기를 잘 정리한다면, 개선해야 할 점이 보일 것이다. 따라서 정기적으로 SNS를 통해 고객들의 피드백을 정리하는 습관을 들일 필요가 있다. 음식점 평판 사이트를 이용해서 검색하는 것도 좋은 방법이 될 수 있다.

또한 고객의 피드백을 받는 것만으로는 고객의 소리를 듣는다고 할 수 없다. 고객의 피드백을 받았으면, 그에 대한 사장의 답변도 필요하다. 온라인 리뷰의 특성상 고객이 리뷰를 달면 사장이 그에 답글을 달 수 있는 시스템으로 구성되어 있다. 그러니 고객이 리뷰를 달면, 사장이 그에 적극적인 '반응 및 대응'을 보여야 한다.

예컨대 우리 가게를 다녀간 한 고객이 그날 밤 장문의 리뷰를 달았다면, 사장은 그에 대하여 마땅한 반응을 보여야 한다. 사장의 정성스러운 답글은 리뷰 창을 보는 많은 소비자에게 노출되어 가게의 호감도를 높인다.

"소통할 줄 아는 가게가 성공한다."

고객들은 리뷰의 숫자보다는 사장님의 마음을 중요시한다. 가게를 칭찬하는 리뷰가 달렸다면 그에 감사하는 마음을 표해야 하고, 아쉬움을 지적하는 리뷰나 실수를 지적하는 리뷰가 달렸다면 그에 사과하고 앞으로의 개선 방안을 담은 답글을 남겨야 한다.

진심이 담긴 말은 고객들의 마음을 움직인다. 이는 재주문율을 높일 뿐만 아니라, 더 많은 소비자가 우리 가게를 선택하게끔 하는 하나의 원동력이 될 수 있다.

05

스마트한 매장으로
변신이 답이다

음식점 영업장에 고객 서너 명이 들어와 테이블에 앉는다. 테이블에 설치된 태블릿PC의 메뉴판에서 한참을 살피더니 클릭한다. 주방으로 주문 전표가 들어가고 메인 POS 컴퓨터에 주문서가 보인다. 그들은 먼저 익숙하게 선결제를 한다. 1인의 노동력 인건비를 대체할 만한 시스템의 구축이 이제 멀지 않은 듯하다. 얼마 전 미디어에서 본 풍경이다.

코로나19 시대가 열리고, 수많은 소상공인은 폐업하기에 이르렀으며, 폐업하지 않은 가게 중 일부 업장 및 온라인 사업 기반을 갖춘 업체만이 겨우 목숨을 건졌다. 이제는 그 시기를 거쳐 위드 코로나 시대를 새로이 맞는다. 위드 코로나 시대에는 스마트한 자영업자만이 살아남을 수 있는 약육강식의 자본주의 시대가 시작된다.

"장사에서 스마트함이란?"

기본적인 요건을 모두 갖추고 타 점포와 차별화됨은 물론 시간의 흐름에 발맞추어 함께 발전하고 성장해 나가는 점포가 되어야 한다는 것을 뜻한다. 이를테면 이런 것이다. 현재 대부분의 식당은 소비자에게 배달 서비스를 제공하고 있다. 배달은 코로나19 시기를 거치며 활성화되었고, 코로나는 배달 시장을 광범위하게 넓히는 중요한 계기가 되어 이제는 배달 음식이 어쩌면 '당연해진' 시대가 왔다.

그런데 이런 상황에서 배달 서비스를 제공하지 않겠다고 고집하는 점포는 약육강식 자본주의 시대에서 뒤처질 수밖에 없다. 옛 아날로그 방식 중 좋은 것은 남겨 두고, 좋지 않은 것은 제거해야 하는 것이 맞다. 하지만 시대의 흐름을 읽을 노력도 하지 않은 채 무작정 새로운 것을 거부하는 점포는 성공할 수 없는 것이다.

또한 현재 많은 종류의 메뉴들이 개발되었고, 트렌드에 따라 사람들이 선호하는 메뉴 역시 빠르게 달라지곤 한다. 그 사이에서 한 가지의 전통적인 메뉴만 고집하면 그 점포는 금방 인기를 잃기 마련이다. 흐름을 읽고, 어떤 것이 인기 있는지를 파악해 그 흐름에 영리하게 탑승하는 지혜로움이 필요하다. 고지식한 것은 때로는 성공의 비결이 되나, 많은 것이 급변하는 위험사회에서 그런 고지식함은 지양해야 한다고 볼 수 있다.

그렇다면 이른바 '스마트한 가게'가 되기 위해서는 어떤 요건이 필요할까?

모든 사업의 중심에는 노동력이 있다. 노동력이 없으면 사업은 돌아갈 수 없다. 즉, 그 무엇보다 '사람'이 중요한 것이다. 이는 인건비와 직결된 문제인데, 근속 시간으로 대표되는 노동시간 및 이직률도 고려 대상이 된다. 이것은 사람을 대체하는 무인 시스템과 로봇 등이 필요한 이유다.

먼 미래의 이야기가 아니다. 5년 이내에 사람보다 로봇이 일하는 매장이 더 많아질 것이라고 장담할 수 있기 때문에 이런 현실의 뿌리에는 지나치게 많은 자영업자 수, 높은 임대료와 장기적인 내수 침체 등 다양한 악재가 자리 잡고 있다. 대부분의 자영업자들이 현상 유지조차 힘든 상황에서 살아남기 위해 선택하는 방법은 인건비를 줄이는 일이다.

대표적인 예시로는 '물은 셀프(self)'라는 식당들의 문구다. 이 익숙한 문구 속에는 우리나라 자영업자들의 고단한 현실이 묻어 있다.

'셀프 빨래방, 셀프 인테리어, 셀프 세차'

이제는 물만 셀프가 아니라 바야흐로 '셀프제'의 시대가 왔다. 이 시대에서, 영세 자영업자는 흐름을 거스를 수 없다. 인건비를 조금이라도 줄이기 위해 셀프의 시대에 동승하는 자영업자들이 많아지고 있다. 로봇이 대중화되기 전까지 인건비를 줄이기 위해 많은 것들을 셀프로 바꾸는 식당은 더 많아질 것이다. 이러한 '셀프제'는 자영업자들의 어쩔 수 없는 선택이자 비대면 경제로의 과감한 전환이다.

4차 산업혁명과 포스트 코로나 시대로 촉발된 비대면 경제로의 전환은 소상공인에게 위기이자 기회가 되었다. 포스트 코로나 시대가 된 후, 우리의 생활 소비 패턴은 사회 경제 전반에 걸쳐 많은 변화의 바람이 불었고 미처 따라가기에는 역부족이기도 하다. 이제 휴대폰 하나면 공산품은 물론이고 산지에서 직배송이 가능한 신선 먹거리를 구매하고 당일 배송까지 받을 수 있다.

대형 매장뿐만 아니라 일반 매장에서도 키오스크 주문대, QR코드를 활용한 스마트 오더, 로봇 바리스타, 무인 상점까지 다양한 방식 스마트 상점을 접할 수 있다.

앞서 언급했듯 고객이 자리에 앉아 테이블에 있는 QR코드를 휴대폰으로 스캔하면 메뉴가 나오고 원하는 주문을 넣으면 주방으로 전달되고, 주방에서 로봇이 조리 및 서빙해 주는 시대도 멀지 않았다. 이러한 IT 기술을 활용한 스마트화는 온라인과 함께 유통시장에서 또 다른 경쟁을 유발할 것이다.

홀로 경영하는 소상공인이 절반 이상인 데다가, 고령화에다 정보도 부족하고 스마트 기술을 적용하는 데에는 한계가 있다는 것이 현실이지만, 소상공인의 디지털 교육은 너무나 절실하다. 소상공인들은 배우고 익혀야만 한다. 온라인 댓글 하나에도 센스가 필요하다.

또한 손님이 많을 때 직접 주문을 받는 것보다 키오스크에 투자하여 주문받는 시간을 절약하는 것도 좋은 방법이다. 현재 거의 모든 요식업 매장에는 키오스크가 도입되어 있는 실상이다. 그렇게 절약한 시간으로 음식 조리에 시간을 더 쏟거나, 손님 응대에 집중하여 더 높은 매출을 내는 것이 현명한 업주의 지혜라고 할 수 있다.

포스트 코로나 시대에 너무나 빠르게 달라진 변화의 물결을 두려워하지 말자. 적극적인 대응으로 위기를 기회로 바꾸는 지혜를 발휘하는 것이 가장 좋은 방법이 될 것이다.

06

매출의 상승은
고객의 재방문에 있다

"인위적으로라도 이익을 제공하라."

요즘같이 불황인 시대에 이 말이 모순처럼 들릴 수도 있겠다. 하지만 이 것은 단기적으로 보았을 때에는 손해를 보는가 싶지만, 장기적으로 보았을 때는 결국 가게에 이익이 되는 방식이다.

인위적인 이익 제공은 단골 고객 유치에 도움이 된다. 이는 유동 인구가 많은 점포보다는 비교적 사람이 적거나, 주택가가 있는 상권에 위치한 동네 점포에 더욱 도움이 되는 방식이다. 쿠폰이나 포인트 적립의 혜택을 제공하여 고객들의 재방문을 촉진할 수 있다.

예컨대 새로 개업한 점포라면 우리 가게의 음식 사진과 특정 해시태그를 적어 글을 업로드했을 때 서비스를 제공하는 것도 좋은 방법이 될 것이다. 고객에게 좋은 인상을 심어 주는 동시에 우리 가게가 홍보될 수 있는 수단이니 말이다. 아래는 고객에게 인위적으로 이익을 제공하는 대표적인 방식이다.

- 멤버십 제도: 회원에게 할인 제공
- 포인트제도: 포인트 적립

– 쿠폰 시스템: 다양한 쿠폰 제공

많은 고객을 끌어오는 것은 장사에 있어 중요한 일이다. 참신하고 꾸준한 홍보를 통해 가게의 인지도를 높이는 것도 중요한 일이다. 하지만 한 번 방문했던 고객이 우리 가게를 어떻게 느꼈는지는 후기를 통해서만 알 수 있고, 그 후기조차 필수사항이 아닌 선택사항이므로 그들에게 재방문 의사가 있는지 없는지를 전부 알 수 없다.

장사에서 필수적으로 고려해야 할 것은 우리 가게가 방문 고객에게 '다시 오고 싶은 가게'로 인식되게끔 하는 것이다. 재방문 의사가 없다는 것은 가게 서비스 및 맛, 위생 등 어느 한 부분에는 결함이 있다는 뜻과도 마찬가지다. 단순 취향의 문제로 재방문 의사가 달라질 수 있겠지만, 고객의 대부분은 가게의 전반적인 만족도에 따라 재방문을 결정하거나, 결정하지 않는다.

또한 고객의 재방문은 단골손님 유치로 이어진다. 장사하는 사람들 사이에서는 하루 동안 한 번 다녀가는 열 명의 손님보다, 자주 오는 단골손님이 좋다는 말도 있다. 그만큼 단골손님은 중요하다. 매상을 올려 주는 것은 둘째 치고, 주인장에게 솔직한 피드백을 전해 줄 수 있는 제일 가까운 사람이며 주변에 좋은 가게 이미지를 심어 줄 수 있는 사람이기 때문이다.

그렇기에 한 번 다녀간 고객이 다시 오지 않아도 된다는 생각으로 장사를 하면 오래 장사를 할 수 없다. 언제가 되었든 고객의 머릿속에 다시 생각나는 가게가 되어야겠다는 생각으로 장사를 해야 한다.

07

손님에게 아끼지
말아야 한다

아낄 것과 아끼지 말 것을 구분할 줄 알아야 한다. 모든 음식의 원가와 인건비, 배달비 등을 계산하면서 장사하다 보면 손님에게 신경을 못 쓰고 소극적으로 장사를 하게 되어 매출이 더 이상 오르지 않는 현상이 생길 수 있다. 그러니 이익을 계산하기보다는 먼저 가게의 인지도를 쌓고, 손님들에게 좋은 인상을 심어 주는 것이 훨씬 중요하다.

장사할 때 원가율(최종가에서 원가가 차지하는 비율)을 하나하나 따지는 사람들이 있다. 이는 장사에 도움이 되지 않는 일이다. 원가나 이익을 계산하지 말라는 게 아니라, 너무 정확하게 계산하지 않아야 한다는 것이다.

나는 본설렁탕 개업 49일 만에 코로나 직격탄을 맞았었다. 오프라인 판매인 내점 고객의 비율은 30%도 안 되는 날들이 지속되었을 때, 내가 진정으로 고객을 위한 최후의 선택은 바로,

'밑반찬의 1인 1메뉴 제공'

이었다. 바이러스와의 첫 공존 상생의 방법이 아니었나 싶다. 보통 김치하나를 주더라도 2인이라면 하나의 용기에 드리는 것이 배달 시장의 관례

였다. 그러나 나는 온라인 주문으로 들어오는 고객의 1인 메뉴당 김치부터 마늘종 등을 각각 제공한 것이다.

본사에서 제공되는 국내산 생김치의 품질은 매우 좋았다. 이렇다 보니 김치 원가율은 늘 다른 매장의 1.5배 내지 2배가 넘을 때도 다반사였다. 그러나 나는 지금도 1인 1메뉴의 반찬 제공을 하고 있다. 깔끔한 각각의 친환경 용기에 30여 분 이상 온도가 유지되는 보온 포장, 그리고 1인 1세트의 반찬과 양념의 제공은 본설렁탕 안산 선부점의 상위 매출을 이끌어 내는 초석이 되었다.

흔히 전기 요금을 아끼겠다고 손님이 홀에서 음식을 드시는데 여름에 에어컨을 안 틀었다는 손님을 잃을 수 있다. 내가 이익을 얼마나 남길 수 있을지 고민하기보다는 손님이 생각했을 때 이 정도면 정말 푸짐하다는 생각이 들 수 있겠는지, 돈이 아깝지 않은지 늘 고민할 문제이다.

고객에게 아끼지 않고 퍼 준다면 '어느 정도'의 매출에 도달하기 전까지는 이익이 적긴 하지만, '어느 정도' 이상의 매출이 발생하면 무조건 남게 된다. 그러기 위해서는 가장 중요한 것은 손님이 많이 오는 것이다.

그리고 한 가지 더 조언하고 싶은 것이 있다.

"손님에게 아끼지 않는 대신 불필요한 곳에 사용하는 '시간'을 아끼라."

필요하지 않은 곳에 사용하는 시간을 줄이고, 절약한 시간만큼 영업을 더 오래한다거나, 고객에게 더 집중하는 것이 훨씬 높은 이익을 얻을 수 있다. 다른 업무는 전문가에게 맡기는 것이 좋다. 예컨대 세무 업무는 세

무사에게 맡기면 되고, 회계사나 가맹거래사 등 내가 굳이 시간을 쓰지 않아도 되는 것은 다른 사람에게 충분히 저렴한 금액으로 위임하는 것이 효율적이다.

　내가 굳이 하지 않아도 될 일을 하면서 시간을 낭비해서는 안 된다. 모든 걸 완벽하게 준비해야 한다고 생각하는 사람들이 있는데, 꼭 그럴 필요가 없다. 그런 것은 불가능에 가깝다고 보아야 한다. 모든 것에 최선을 다하는 것은 좋지만, 그러기 힘든 상황인 사장들이 태반이기 때문이다. 그러니 중요한 것들을 순위별로 정리해 둔 '우선순위'를 만들고, 그에 집중하라.

08

문제의 원인은
나에게 있다

시간이 지날수록 서비스, 친절, 영업시간, 마케팅 등 장사를 어렵게 만드는 요소는 점점 늘어난다. 하지만 어떤 원인이든 가게에 위험한 상황이 발생하면 매출이 떨어지는 순간이 온다.

가게의 매출이 떨어지기 시작했다면, 그건 어떤 식으로든 '가게에 문제가 있다'라는 신호다. 위험한 상황 발생의 또 다른 신호는, 옆에 있는 가게에는 고객들이 많은데 우리 가게에는 고개들이 별로 없거나, 우리 가게 앞을 단골들이 지나가지 않고 피하는 느낌이 들 때이다. 사장은 이런 위험 신호를 최대한 빨리 알아차려야 한다.

장사할 때 생기는 문제의 원인은 다양하지만, 사장인 '나'라는 존재는 늘 바뀌지 않는다. 따라서 문제의 원인은 항상 나에게 있다고 생각해야 한다. 가게의 주인이니만큼 모든 문제의 원인과 그 책임이 본인에게 있다고 생각해야 한다.

만약 당신의 가게가 하루 매출이 100만 원이었다고 가정했을 때, 어느 날은 매출이 80만 원까지 떨어질 수도 있다. 며칠 동안은 괜찮을 것이다. 하지만 그런 날이 지속된다면 내가 문제라고 생각해야 하는데 보통은 주변에서,

"너도 매출 떨어졌어? 나도 떨어졌는데 언젠가는 다시 올라가겠지?"

라고 물어본다. 그러면서 "언젠가는 매출이 오르겠지."라며 아무 조치도 취하지 않고 오히려 자기 합리화를 하게 하기도 한다. 코로나19 때문에 망한 가게도 많지만, 오히려 대박 난 가게도 많다. 이런 현상을 통해서 유추할 수 있는 건, 주변 환경을 탓하기 전에 내가 할 수 있는 것부터 시도하면 위기를 극복할 수 있다는 것이다.

내가 하는 가게에서 생긴 문제는 외부에서 정답을 찾는 것이 아니라 자신으로부터 문제를 찾고 해결해 나가야 한다. 그게 가장 빠른 해결 방법이다. 주변 환경은 매출 하락에 일시적인 영향밖에 미치지 못한다. 지속해서 매출이 떨어진다는 건 내가 무언가를 잘못하고 있다는 뜻으로, 나를 돌아봐야 하는 시간이 왔다는 것과도 같다.

09

이제는
ESG 경영이다

환경 보호를 위한 움직임이 커지며, 일회용품 줄이기에 동참하는 매장이 눈에 띄게 늘어났다. 배달 앱에서도 일회용품을 받을지, 받지 않을지 선택할 수 있게 되었고, 음식을 포장해 갈 때는 자신이 직접 가져온 용기에다가 음식을 받아 가는 손님도 늘어났다.

일회용품 사용 억제는 시행규칙으로도 제정되었다. 커피전문점 및 음식점 등의 일회용품 사용 억제 지침에 따르면, 커피전문점은 식품접객업에 해당하여 매장 안에서 일회용 컵 사용을 금지하고, 포스터를 사용하여 고객이 이를 알 수 있도록 한다고 되어 있다.

'환경 보호'가 전 국민의 중요한 과제로 떠오르며 일회용품을 줄이기 위한 움직임이 대폭 늘어난 것은 사실이다. 하지만 식당을 운영하며 일회용품을 아예 쓰지 않기란 어려운 일이다. 배달 주문을 받으며 일회용 수저는 넣지 않을 수 있지만, 포장할 때는 어쩔 수 없이 일회용품이 쓰이기 때문이다.

현실적으로 일회용품 사용을 일절 끊어 낼 수 없는 상황이지만, 업주들은 그 사이에서도 최선의 방안을 찾아야 한다. 앞장서서 환경 보호에 동참해야 장사 역시 지속 가능할 것이다. 눈앞의 즉각적인 이윤만 좇으며 환경 보호에는 안일한 태도를 보인다면, 그 가게는 한마디로 '시대 흐름을 모르는 가게'로 전락해 한순간 고객들을 잃을 것이다.

또한, 당장 편리함과 이득만 추구하는 가게의 인식이 좋을 리 없다. 세상의 많은 가치 중 '더불어 살아가는 지구를 보호하는 것'은 선택을 넘어서 이제는 전 세계 사람들에게 의무와도 같은 일이 되었다. 하지만 이러한 가치를 경시한다면, 그 가게는 소비자들에게 '이기적인 가게'로 낙인찍힐 것이다.

가게를 운영하는 사장이라면 누구나 '사회적 책임'이라는 것이 있다. 언제나 무거운 마음으로 사회적 책임을 이행하려 노력해야 한다. 그 첫걸음이 바로 '지속 가능한 장사를 고려'하는 것이며, 첫 단계가 바로 '일회용품 줄이기'이다. 일회용 배달 용기를 친환경 제품으로 바꾸고, 포장 고객이 따로 음식을 담을 용기를 가져온다면 일정 금액을 할인해 주는 방식은 그 예시라고 할 수 있겠다.

사장이 먼저 바뀌어야 한다. 가만히 앉아서 변화하는 사회를 지켜보고 있기만 하면, 언젠가는 도태되기 마련이다. 사장이 앞서 일회용품 사용을 줄이고 플라스틱 사용량을 감축한다면 이러한 행태에 관심이 없던 소비자들도 어느새 일회용품 사용량을 줄이게 될 것이다.

> "아침마다 빨래하고 옷 입는 일을 끝냈다면
> 다음은 지구를 가꾸는 일에 시간을 내는 것이
> 인간의 기본적 도리야."
>
> — 생텍쥐페리 『어린왕자』 中

10

위험요인을 줄여라

우리 삶은 다양한 사람들의 발견과 발명에 의해 아주 편리해졌다. 이에 따른 혜택도 많아졌다. 위드 코로나 시대에 외식업계 역시 예외는 아닐 것이다. 어떤 혁신적인 외식 매장을 누가 먼저 선보이느냐에 따라 업계의 리더가 바뀔 것이다.

아마존과 넷플릭스가 글로벌 기업으로 성장하리라 생각했던 사람은 아마 몇 명 없었을 것이다. 그들이 세계 최고의 업계로 성장하기까지 어떤 과정을 거쳤을까? 아마 수월하지는 않았을 것이다.

그렇다면 고민이 될 것이다. 개인 자영업 브랜딩과 프랜차이즈 중 어떤 것이 지속 가능한 지속력을 담보할 수 있는지에 대해 의문이 생길 것이다. 나는 딱 잘라 이렇게 말하고 싶다.

"프랜차이즈를 하라."

위에서 언급했던 코로나 시국 개업의 첫 번째 단계 이전에, 본인의 가게를 브랜딩할 능력이 떨어진다고 느끼거나 독창적이고 개성 있는 가게 분위기를 구축할 자신이 없다면 '프랜차이즈'가 답이다. 25년 경력을 가졌지만, 나는 브랜드의 필요성을 뼈저리게 느꼈다. 창업을 망설이는 사람들에게 웬만큼 자신감이나 열정과 끈기가 없는 예비 창업자라면 조건 프랜차이즈를 하라고 권하고픈 맘이다.

물론 프랜차이즈라고 해서 다 성공하는 것은 아니다. 아마도 옆집 사돈의 친척이 프랜차이즈 가맹점으로 떼돈을 벌고 있다는 소리를 듣고 무작정 덤볐다가는 매일 쏟아지는 청구서를 감당하지 못해 야반도주해야 하는 불상사가 일어날지도 모를 일이다. 이때 제일 중요한 것은 다음과 같다.

"위험부담이 크면 그만큼 돌아오는 것이 크고, 낮으면 돌아오는 것도 적다."

코로나19가 전 세계를 덮치면서 우리 사회는 더욱 예측 불가능하며, 위험요인이 커진 사회가 되었다. 이 상황 속에서 무모한 선택을 하는 것은 옳지 않다. 본인의 구상에 또렷한 확신이 서지 않는 한 프랜차이즈를 하라고 권하고 싶다. 프랜차이즈는 대중들에게 일정 형식으로 각인된, 이른바 '담보'의 성질을 가지고 있기 때문이다. 쉽게 말해, 익숙한 것이기 때문에 사람들에게 더 친숙하게 느껴지며 진입장벽도 보다 낮다. 사람들은 불황일 때에 새로운 것보다는 익숙한 것을 선호한다고 말한 바 있다. 이것은 개업에도 예외 없이 적용된다.

또한 개업을 위해 많은 소상공인들은 이것저것 공부하곤 한다. 하지만 공부를 많이 했어도, 실전은 다르다. 상권을 분석하고, 콘셉트를 정하고, 인테리어 업체들을 비교 분석하고, 도매업체와 계약을 하고, 스태프들을 채용하고, 손님들에게 영업하기까지의 과정이 얼마나 힘든지 겪어 본 적이 없어 모르기 때문이다.

그러하기에 프랜차이즈가 더 낫다고 할 수도 있다. 비용은 들어가지만,

이 모든 수고와 노력을 대신해 주기 때문이다. 그 비용을 아까워하지 말고, 일종의 수고비용이라고 생각하면 된다. 마음 같아서야 직접 기획안 작성하고 매장을 오픈해 손님을 줄 서게 만들고 3년 이내에 프랜차이즈 기업으로 끌어올리고 싶지만, 절대 쉽지 않다. 노하우가 없으면 100전 100패, 퇴직금 다 날리고 대출금 평생 갚으며 살아야 할지도 모른다. 그래서 돈 내고 배우자는 거다.

상권에 대해 자세하게 알고 싶다면 적어도 일주일 이상은 발품을 팔아야 한다. 예컨대 홍대에 매장을 내고 싶다면, 월요일부터 금요일 늦은 밤까지. 몸살을 앓을 정도로 열심히 골목을 돌아다녀야 한다. 그래야 골목의 성격, 그 주변의 상권 등을 얼추 파악할 수 있기 때문이다. 주요 소비층, 사람들이 몰리는 시간대, 새벽의 유동 인구 등. 이 정도 분석해 내려면 그러한 수고는 감내해야 하지 않을까.

프랜차이즈 본사와 상담을 할 땐, 이른바 '진상'이 되어도 좋다. 조금이라도 궁금한 것은 전부 묻고 또 묻는 것이다. 어차피 투자하는 것은 내 돈이다. 그러니 최대한 많이 물어보고, 꼬치꼬치 캐내라. 그렇게 하더라도 본사에서는 이해할 것이다.

우리 브랜드는 유명하니까 하고 싶으면 도장 찍고, 아니면 말고 식으로 나오면 아무리 그 브랜드를 하고 싶다 하더라도 문을 박차고 나오는 것이 좋다. 좋든 싫든 계약 기간 동안은 부딪치고 또 부딪쳐야 할 사이인데, 자기 부모 매장 내드리듯 자상하고 친절하지 않다면 타 브랜드의 문을 두드리는 것이 낫다. 그래 봐야 한두 달 늦어지는 게 고작일 테고, 비용이라면 교통비와 식대 정도가 전부일 테니 말이다.

11

1인 시대,
틈새시장을 주목해라

혼자서 밥을 먹으려고 식당에 갔지만 2인분 이상 주문이 필수인 까닭에 쓸쓸히 발걸음을 돌린 경험이 많았을 것이다. 지금 역시 모든 식당이 1인분 주문을 받는 것은 아니다. 여전히 2인분 이상 주문 메뉴만을 고집하는 곳도 있다. 시대의 흐름을 보고 있지 못하고 있는 것이다.

하지만 1인 가구는 더 늘어나면 늘어나지, 줄어들지는 않을 것이다. 그러니 이러한 흐름에 탑승하여 1인분 주문 메뉴를 신설하여야 한다. 물론 2인분 이상 주문을 받는 이유를 모르는 것은 아니다. 식당 입장에서도 이윤이 남아야 하기 때문이다. 하지만 1인 주문일 경우 가격을 조금 높게 책정하면 된다. 1인 고객 혼자서 주문할 때 가격이 높아지는 것을 아주 당연히 받아들이기 때문이다.

이제는 1~2인 고객을 위한 메뉴판의 수정이 필요한 때다. 불과 몇 년 전만 생각해 보아도, 식당마다 '2인 이상 주문 가능'을 메뉴판에 걸어 붙인 식당들이 아주 많았다. 1인분 주문은 안 받는 곳이 대부분이었다고 생각하면 된다. 하지만 1인 고객 증가의 흐름을 알아챈 프랜차이즈 브랜드들은 이에 따라 발 빠르게 변화하고 있는 추세다. 찌개, 고기 등 전통적으로 2인 이상만 주문받던 업체에서도 1인 주문이 가능해지고 있다.

1인 고객들만을 대상으로 하는, 이른바 '1인 음식점'이 업계에서 급부상한 적이 있다. 이러한 요식업계의 행태를 보고 섣불리 1인 음식점 창업을 결정하는 사람들이 적지 않으리라 생각된다. 그러나 이 부분에 있어서는 신중해야 한다. 1인 고객들이 홀로 쇼핑을 하거나, 영화를 보는 것과 혼자 밥을 먹는 것에는 차이가 있기 때문이다.

간판에 '1인 음식점'이라고 대문짝만 하게 걸어 둔다고 해도, 안타깝게도 1인 고객들의 눈길을 사로잡을 수는 없을 것이다. 이럴 때는 1인 고객의 입장에서 보아야 한다.

"당신은 혼자 밥을 먹을 때 굳이 1인 고객 전용 식당에 찾아가서 밥을 먹는가?"

아마 아닐 것이다. 또한, 1인 전용 식당에서 밥을 먹는 것은 고객의 입장에서 대외적으로 자랑할 일도 아니기 때문이다. 대부분의 1인 고객들은 바쁜 와중 어쩔 수 없이 혼자 밥을 먹거나, 술 한잔을 하는 경우다. 굳이 '1인 음식점'이라고 크게 써 붙인 음식점을 선호할 리는 없다는 얘기다.

1인 고객을 위한 맞춤 메뉴를 만들었다고 해서 끝이 아니다. 1인 고객의 유일한 밥 친구, 혹은 술친구는 바로 스마트폰이다. 밥을 먹는 내내, 술을 마시는 내내 휴대폰을 내려놓지 않는 모습을 우리는 많이 보아 왔다. 그러니 경영자는 가게 내에 휴대전화 충전기나 적절한 콘센트를 필수적으로 배치해야 한다. 혼밥이 유행하기 전에도, 사람들은 혼자 카페에 가는 일이 많았다. 그럴 때마다 콘센트를 찾는 1인 고객을 많이 보지 않았는가? 식당도 이와 같다.

또한, 2인 이상 고객과 홀로 밥을 먹는 사람들이 적절히 어우러질 필요도 있다. 군이 1인 전용 존, 2인 이상 전용 존을 구별해 놓을 필요가 없다는 뜻이다. 1인 고객은 많은 사람들 속에서도 자연스럽게 어우러져 한 끼 식사를 할 수 있는 분위기를 선호한다. 또한, 4인 테이블에 홀로 앉아 눈치를 보고 싶지도 않을 것이다. 그러니 1인 테이블과 4인 테이블의 적절한 배치를 통해 명수에 상관없이 모두 식당 내의 고객으로서 잘 어우러지는 분위기를 조성하는 것이 좋을 것이다.

혼자 오는 고객을 위해 고객의 맞은편에 사람의 상반신 크기의 인형을 놓아주어, 홀로 밥을 먹는 고객의 외로움을 달래 주고, 그들이 밥을 먹는 내내 좋은 기분을 느낄 수 있게 해 주는 매장도 있다. 이런 것이 디테일한 홀 서비스의 좋은 예시라고 할 수 있다.

4부

내 이름을 찾는 여정

내 이름을 찾는 여정

나는 현재 한 식당의 사장이며, 커피 카페를 운영하고 있는 사장이면서, 강연 활동을 하는 강사이고, 두 아이의 엄마이기도 하다. 내 어린 시절은 순탄하기보다는 다사다난했다. 일찍 돌아가신 아버지와 어려웠던 가정 형편 탓에 조금 더 철이 빨리 들었고, 늘 고생하시는 어머니께 "엄마, 효도할 게요."를 밥 먹듯이 외치던 나였다.

삶은 누구에게나 무겁다. 각자의 위치에서 최선을 다하고 산다는 일은 누구에게나 그러하다. 매일같이 어깨 위에 무거운 짐을 떠올릴 때마다, 내가 책임져야 할 많은 것들을 상기할 때마다 절로 가슴이 답답해지곤 한다. 우리는 그러한 삶을 하루하루 이겨 내며 살아가고 있다. 이는 모두에게 하루를 살아갈 강한 힘이 있다는 것을 반증하기도 한다.

또한 많은 이들이 본인은 보잘것없으며 무능력하다는 착각에 줄곧 빠지기도 한다. 사람들은 자신에게 '이겨 낼 수 있는 멋진 힘'이 있다는 것을 자각하지 못하고 있다. 그 힘이 있기에 오늘 역시 자신에게 주어진 길을 묵묵히 걸어갈 수 있는 것이다.

나 역시 그러하다. 나는 남들보다 별로 가진 것도 없고 아는 것도 없는 동네에서 흔히 볼 수 있는 사람이며 그저 주어진 것에 안주하고, 아무것도 욕심내지 않으며 수동적으로 살아가고 있는 동네 아줌마, 즉 '동남아'였다.

언제부턴가 내게도 주어진 하루를 최선을 다해 살아갈 힘이 있다는 것을 깨달았을 때, 생각이 조금 달라졌다. 내 안에 있는 가치를 발굴하고 싶어졌고, 내가 가진 힘을 끌어올려 무언가를 이루어 내고 싶어졌다.

이 책에는 그러한 과정을 거쳐 온 나의 어쩌면 보잘것없는, 어쩌면 그 누구보다 찬란했던 인생의 여정을 담았다. 나의 어린 시절은 물론이고, 초라하게 무너졌던 순간부터 다시 일어나 뜀박질을 시작한 그 순간까지를 여과 없이 담아내려 노력했다.

집필 중 몇 번이나 그만두고 싶다는 마음이 들었다. 이 책을 쓴다고 해서 과연 몇 명이나 내 이야기를 끝까지 들어 줄지 모른다는 두려움 때문이었다. 누군가에게 어떠한 도움이 될지도 모르는 상황에서 가감 없는 내 이야기를 쓰는 것에 회의감이 들기도 한 것이다.

'불특정 다수에게 어쩌면 치부가 될 수 있는 부끄러운 이야기까지 꺼내 놓는 것은 너무 도전적인 일이 아닌가?'

하지만 비록 이 책을 많은 사람이 읽어 주지 않더라도, 한 번 사는 인생에 있어 내 성공과 실패의 여정을 기록하는 것만으로도 의의가 있는 일이라는 생각이 들었다. 또한 내 인생은 누군가에게 보여 주기 위한 것이 아닌, 오로지 나를 위해 살아왔다는 것을 깨우치고 나서는 더욱이 마음이 평온해졌다. 누군가에게 보여 주기 위해 산 인생이 아니니 그저 내 이야기를 기록하는 것만으로도 의미가 깊다고 느낀 것이다. 그렇게 어쩔 수 없는 부담감을 떨쳐 내니 어느 순간부터는 책 집필에 있어 아무런 중압감도 느껴지지 않았다.

'내 이야기가 너무나 평범하고, 별것 없지 않은가?'

라는 생각도 한 적이 있으나, 평범한 것도 평범한 것 나름의 의미가 있는 것이며, 각자가 주인공인 자신의 인생은 절대 평범할 수 없다는 것을 깨닫고 나니 내 이야기를 쓰는 것만으로도 집필의 자신감이 생긴 것이다.

졸업 후 유치원 교사로 일하던 중 남편을 만났고, 6개월 만에 결혼했다. 결혼 후 남편과 함께 첫 장사인 요식업에 뛰어들었고 '숯불생고기촌'을 운영하게 되었다. 현재는 업종을 바꾸어 설렁탕 식당을 운영하고 있다.

또한, 나는 강사이기도 하다. 뒤늦은 만학도의 길을 걸어 어엿한 강사가 된 나는 화려한 경력이나 높은 학력을 가지고 있지 않았다. 두 아이의 엄마가 되고 난 뒤에야 강사가 되어야겠다는 꿈을 꾸기 시작했고, 그 꿈을 이루기 위해서는 뼈를 깎는 노력이 필요했다.

4부에는 나에 대한 이야기를 담았다. 어린 시절부터 학창 시절, 결혼부터 장사를 시작하기까지의 여정을 기억나는 대로 적어 내렸다. 과거는 현재의 나를 있게 해 준 최고의 거름이며, 나를 움직이게 하는 연료와도 같다. 다음 장을 읽으며 과거의 나를 회상해 보아라. 소중한 사람들, 과거의 값진 경험, 실패했던 일들, 슬펐던 일들, 그 무엇보다 행복했던 일들을 말이다. 그것은 현재의 나를 살아가게 만들어 준 소중한 조각과도 같다.

"당신은 어떤 사람인가? 당신은 무엇을 할 때 가슴이 뛰는가? 당신 곁에는 누가 있는가?"

이 질문에 대한 해답을 나의 이야기로 풀어 나간다. '나'라는 사람은 누구인지, 나는 무엇을 할 때 가슴이 뛰며 살아 있다고 느끼는지, 나를 행복하게 하는 것들은 무엇인지. 이러한 질문들은 늘 나와 공존했다.

01

12살의 추억과
나의 어머니

내 이름을 찾는 여정은 길고 길었다. 어쩌면 지금도 진짜 '나'를 찾는 과정 중에 있다고 볼 수 있겠다. 모든 사람은 지나온 과거를 후회하거나, 그리워하거나, 이를 통해 성장한다. 과거는 한 사람이 성장해 온 세월을 여과 없이 보여 주는 시간이며, 한 사람을 성장시키는 지반이 되기도 한다. 과거 없이는 현재의 '나'도 있을 수 없다. 과거는 소중하다. 잠시 소중한 과거 속, 단연 소중하게 남은 추억 이야기를 해 볼까 한다.

어릴 적 나는 이상하게도 집요한 면이 있었다. 이런 걸 고집이라고 해야 하나, 야무지다고 해야 하나? 이 얘기는 형제들이 모일 때마다 화두에 오르곤 한다.

12살 무렵, TV가 너무 보고 싶은데 고장이 났었다. 지금 보면 참 구닥다리 같은데, 다리가 네 개 달려 있던 그 TV 말이다. 보고 싶어서 안달은 나는데, 어머니는 고쳐 주실 생각도 없고. 다른 사람한테 부탁할 수도 없는 노릇이었다.

그땐 집에서 4㎞를 걸어가야 면 소재지 전파사가 나왔다. 난 옆 이웃집에서 손수레를 빌리고, TV를 손수레에 싣고서 그것을 끌고서는 4㎞가 되는 길을 혼자 걸어갔다. 도로 한가운데로 버스가 지나가면 혹여 부딪힐까 봐 가장자리에 바짝 붙어서 걷고. 그러면서도 논두렁에 빠지지 않을까 걱정하고. 그렇게 TV를 실은 손수레를 끌고 왕복 8㎞를 걸어 전파사에 다녀왔다.

지금 하라고 하면 절대 못 할 일이다. 얼마나 TV를 보고 싶다는 열망이 강했는지, 참 무모했었다. 길이라도 잃거나 신작로 옆 논두렁에 빠졌으면 어떡할 뻔했는지. 큰언니는 아직도 그때의 일로 나를 놀린다.

"어떻게 그 조그만 것이 TV를 싣고서는, 창피한 것도 모르고 손수레를 끌고 갈 생각을 하냐?"

면서 말이다. 그때 단순히 TV를 보고 싶다는 열망과 간절함뿐이었다. 당시에는 몰랐지만, 이런 어릴 적 일화에서 지금의 내 성격이 조금씩 묻어 나오는 것 같기도 하다. 어쩌면 무모해 보이지만, 하고 싶은 건 꼭 해내야 하는 성격이랄까?

앞서 말했듯 나는 아버지가 일찍 돌아가셨다. 어머니는 이런 것이 내게 약점이 될까, 혹은 내가 이 때문에 엇나가진 않을까 걱정하셨다. 어딜 가나 아버지가 없다는 것이 내게 상처가 되지 않길 바라셨다.

초등학교 6학년 겨울방학이었을까, 성탄절을 앞두고 단짝 친구 집에서 외박한 적이 있다. 당시 우리 집에는 전화기도 없었고, 삐삐 같은 통신기기도 전혀 없었던 시절이었기에 어머니께 연락을 드릴 방도 역시 없었다. 이때도 무모했던 성격이 남아있었던 걸까? 아무런 연락 없이 단짝 친구의 집에서 하룻밤을 보냈다.

그렇게 다음 날 집에 돌아가는데, 어머니가 동구 밖에서 나를 기다리고 계셨다. 어머니는 나를 보자마자 내 머리채를 잡고서는 집으로 끌고 들어가셨다. 나를 기다리며 밤을 새우신 것 같았다. 그날 어머니는 나를 죽지 않을 만큼 때리면서 통곡하셨다. 지금도 생각하면 참, 마음이 아프기도 하다. 어머니는 내게,

"13살밖에 안 됐는데, 아무런 말도 없이 집 밖에서 자고 오면 아비 없는 자식이라는 소리밖에 못 듣는다!"

라고 하셨다. 그때 내가 큰 충격을 받았는지, 어머니가 통곡하며 뱉은 한마디가 내 마음속에 각인이 되어 버렸다.

어머니가 여러모로 노력을 많이 하셨다. 홀로 자식을 키우는 데다가, 비록 아버지는 일찍 여의었지만 자식들이 바르게 자라났으면 하는 바람이었던 것이다. 어머니의 말과 행동 하나하나가 전부 뜻깊은 것들이었다는 사실을 시간이 지나고 나서야 깨닫게 되었다.

나는 그 이후로 결혼하기 전까지 외박을 단 한 번도 하지 않았다. 적잖이 충격이었던 모양이다. 지금으로서는 어머님께 참 감사할 따름이다. 잘못된 것을 잘못되었다고 말해 주던 사람이 있었기에 나쁜 생각 한번 없이 올바른 사고를 하는 긍정적인 사람으로 자라날 수 있었던 것 같다.

내가 태어난 1970년대는 대부분의 사람들이 어렵게 살았다. 나라 자체도 부유한 편이 아니었다. 요즘은 신발도 참 예쁘고 튼튼하게 잘 나온다. 하지만 그땐 변변한 신발 한 켤레 없이 고무신을 끌고 다니는 사람들이 태

반이었다. 간혹 운동화를 신고 다니는 친구들이 있었다.

나는 그 친구들이 너무나도 부러웠다. 그래서 초등학교 4학년 때에는 검정 구두를 사 주지 않으면 학교에 가지 않겠다고 떼를 썼던 적이 있기도 하다. 또 책가방 대신 책보를 메고 등교하는 친구들이 대다수였는데, 나는 예쁜 주황색 가방을 메고 등교했다.

어쩌면 이건 내 자존심이었을지도 모른다. 어릴 적부터 나는 앞장서거나 나서는 일을 좋아했지만, 남에게 보이는 모습 역시 정말 중요하게 생각했다. 남에게 초라한 모습을 보여 주고 싶지 않았다. 어머니는 이런 나를 혼내기보다는, 마음을 알아주셨던 건지 내 요구를 전부 들어주셨다. 내게는 어린 마음의 자존심이었지만, 어머니는 아버지가 없다는 이유로 기가 죽을까 봐 내 요구를 들어주셨던 것이다.

나는 중학교 2학년 때까지 매년 생일잔치를 했다. 가난에 허덕이면서도 나는 아랑곳하지 않고 친구들을 열댓 명씩 초대해 찹쌀떡, 과자, 음료수 같은 것들을 전부 대접하곤 했다. 지금 생각해 보면 없는 형편에 잔치를 열 돈은 어디서 나왔을까 싶다. 나는 고작 친구들과 잔치를 하고 난 후 "너무 잘 먹었다. 정말 축하해, 고마워!"라는 말을 듣는 것이 좋았을 뿐이다. 모든 것이 어린 마음의 허세였던 것이다. 돌이켜 보면 철없었던 내 행동이 부끄러울 뿐이다.

이 모든 것들이 전부 어머니의 뼈를 깎는 노력과 사랑이었다는 것을 그때 알았으면 얼마나 좋았을까. 그렇다면, 내가 어머니를 조금 덜 고생시킬 수 있었을까. 과거를 되새길수록 어머니께 죄송스러운 마음이 커진다. 그 과거가 있었기에 지금의 내가 있는 거지만, 조금만 더 일찍 어머니의 노고를 깨달을 수 있었다면 좋았을 텐데 말이다.

어머니는 84세에 세상을 떠나셨다. 79세에 파킨슨병 진단을 받고, 5년간 병상에 누워 투병하다 돌아가셨다. 당시 전 국민 의료보험 적용이 되지 않았기에 달마다 병원비가 무려 250만 원씩 청구되곤 했다. 조금이나마 형편이 여유로웠던 나와 오빠가 병원비를 반씩 부담하기로 했다.

어머니께서 우리를 위해 희생한 사실을 너무나도 잘 알았기 때문에, 어머니가 돌아가시기 전까지 후회 없이 효도한다는 마음으로 어머니를 보살폈다. 어머니는 돌아가시기 일주일 전까지도 정신을 똑바로 차리고 자식들을 눈에 담으려 노력하셨다.

나는 어머니가 늘 그립다. 내가 이렇게 자랄 수 있었던 것은 모두 어머니 덕분이다. 아버지가 일찍 돌아가시고, 어머니가 나를 이렇게 키워 주시지 않았더라면 내가 어떻게 됐을지 상상조차 할 수 없다.

02

남편과의 만남
그리고 사랑

나는 학교를 졸업하고 유치원 교사를 하는 과정에서 남편을 만나게 되었다. 내가 몸담은 유치원은 남편의 사촌 형이 운영하는 유치원이었는데, 거기서 나를 알게 된 남편은 참 무모한 사랑을 선택했다. 남편과는 12살 차이가 나는데 지금 생각해 보면,

"당신 참 도둑놈 같다. 어떻게 그럴 수 있냐?"

라고 아주 가끔 억울하다는 마음을 토로해 보기도 한다. 12살이나 많은 노총각이었던 사람이 내게 첫눈에 반했다니. 참 웃기는 일이다. 나도 무모했지만, 지금 보니 남편도 만만치 않았다.

남편은 굉장히 단정하고 깔끔한 편인데, 나를 만날 때 역시도 그 용모가 아주 반듯했다. 하얀 셔츠를 즐겨 입고, 바지 주름이 깔끔히 다려진 양복 바지를 입었다. 셔츠의 주름은 결혼 후 누가 그렇게 정성을 들여 다림질해 주었는지 알게 되었다. 그건 시어머니의 사랑과 정성이 담긴 다림질이었다.

우리 남편의 어떤 면에 푹 빠졌을까 생각해 보면, 첫째는 남편의 경청

능력이라고 할 수 있겠다. 남편은 내 이야기를 정말 잘 들어 주었다. 내 이야기를 들을 때면 항상 입가에 미소를 띠고 고개를 끄덕이며 내 말을 경청해 주었다.

아버지가 일찍 돌아가신 탓에 그 부재를 채워 줄 사람이 필요했던 걸까? 아버지의 포근함을 느낄 수 있게 해 주는 넓은 등이 필요했던 걸까? 사실 남편은 호리호리한 체격에 차가워 보이는 인상이지만, 아버지의 존재를 남편에게서 찾았던 탓인지, 나는 여러모로 다정한 남편의 모습에 푹 빠져 버렸다. 차가워 보이는 사람일지라도 그 안의 따뜻한 면을 찾아 그것에 반해 버린 것이다.

나는 사람의 이야기를 잘 들어 주는 것이 인간관계에 있어 얼마나 중요한지 남편을 통해 알게 되었다. 소통의 시작은 경청이니까 말이다. 나는 사람의 이야기를 잘 들어 주고 공감해 주는 것도 곧 인내이자 능력이라는 것을 남편 덕분에 깨우치게 되었다.

결국, 나이 차이를 이겨 내고 먼저 결혼하자고 한 사람은 나였다. 하지만 어머니께 남편을 소개하고 결혼을 허락받는 과정에서 난항이 닥쳤다. 우리 부모님도 12살 차이가 나는 데다가 아버지가 일찍 돌아가셨으니 어머니의 입장에서는 내가 걱정될 수밖에 없던 것이다. 어머니는,

"12살 차이가 나는 남편을 여의고 홀로 자식들을 키우며 그렇게 힘들게 살았는데, 너도 그렇게 되지 않는다는 보장이 없다. 딸은 엄마 팔자를 닮는다던데 너는 나처럼 되면 절대 안 된다."

라고 말씀하시며 남편과의 결혼을 극구 반대하셨다.

어머니의 걱정 역시 이해하지 못한 것은 아니었으나, 나는 당시 남편에게 푹 빠져 있었다. 결국은 자식 이기는 부모는 없다고 하듯 결혼을 허락받을 수 있었다. 이것도 일종의 불효인가 싶지만, 내 인생에서 절대 후회하지 않을 불효라고 말할 수 있다.

정작 어머니는 파킨슨병 진단을 받으시고, 돌아가시기 한참 전부터 사위 중 우리 남편을 제일 예뻐하셨다. 남편은 한 입으로 두말하는 성격이 아닐뿐더러 참으로 부지런하고 사람 특유의 성실함이라는 것이 몸에 배어 있는 사람이었다. 그 진심이 어머니께도 전달된 것이 아닌가 한다.

인간은 사랑하며 살아가야 한다는 말이 있다. 사랑의 힘은 절대 무시할 수 없고, 주변인과 마찬가지로 내 꿈을 이룰 수 있는 원천이 되기도 한다. 사랑할 수 있는 대상은 다양하다. 나처럼 남편과 부모님을 사랑하기도 하고, 혹은 자신의 꿈을 사랑하며 살아가는 사람도 있고, 더 나아가 자신의 삶 자체를 사랑하는 사람도 있다.

나는 남편에게서 받는 사랑, 내가 남편에게 주는 사랑을 깨닫고 난 뒤부터 또 하나의 목표가 생겼다.

"내가 사랑하는 사람들을 위해서라도, 나를 사랑해 주는 사람들을 위해서라도 열심히 살아야겠다."

초라하고 보잘것없을지라도 한 가지 일을 열심히 하고, 매달 일정한 양의 돈을 벌고, 규칙적인 생활을 하고, 앞을 보고 나아갈 수 있었던 것은 내 삶에 피어난 사랑 덕분이 아닐까 싶다. 그건 나를 움직이는 힘과도 같다.

가끔 포기하고 싶을 때, 지칠 때, 내 마음대로 살아 버리고 싶을 때 나를 잡아 주는 힘은 나를 힘내서 살아갈 수 있게 만들어 준다.

[나이 차이가 보이지 않는 남편과 나]

03

생사고락의 동반자,
시어머니

나는 5남 1녀의 넷째 며느리였다. 넷째 며느리였지만 남편의 간절한 요청에 시어머니와 26년 4개월을 함께 동고동락 부대끼며 살아왔다. 시어머니와의 삶은 힘들었던 기억보다는 무한한 사랑을 받았던 기억이 많이 남아 있다. 시집을 와서 철이 들고, 어엿한 주부로서의 실력이 늘었다고 보면 정확한 이해가 될 듯하다.

23살의 손녀딸 같은 며느리를 맞으셔서 하나부터 열까지 다 가르쳐 주시고, 주부로서 며느리로서 엄마로서의 역할을 전수해 주셨다고 누구에게라도 이야기하고 싶어진다. 어찌 되었든 이렇게 살뜰히 돌봐 주시고 늘,

"우리 며느리가 최고야!"

를 입에 달고 사신 어머니는 2019년 봄이 오기 전 97세 나이로 타계하셨다. 그렇게 "우리 며느리 야무지다, 예쁘다."를 자주 입에 담으신 어머니이셨지만 내가 대학원 공부와 강사를 향한 더 큰 공부를 할 때만큼은,

"남편 등골 빼먹을 년."

이라는 소리를 가끔 하셔서 내 마음에 깊은 상처를, 아픔을, 눈물을 주시기도 하셨다.

하지만 나의 마음속에 어머니는 93세에 요양원에 치매로 입원하시기 전까지 늘 집안 살림을 알뜰히 챙겨 주시던 속 깊고 맘 넓은 어머니로 기억에 선명히 남아 있어서 지금도 삶이 지치고 힘겨울 때면 어머니의 이름 세 글자를 하나하나 되뇌어 불러 보곤 한다. 어쨌든 나는 97세로 어머니가 생을 마감하시는 날까지 며느리로서 최선을 다했기에 여한은 없다.

다만, 우리 두 아이의 태몽까지 선명하게 꾸어 주셨던 어머니가 이 가을에 더 그리워지는 건 아침 정지산 산행길에 만나는 도토리와 밤의 출현 때문이다.

04

삶은 언제나
선택의 갈림길에 있다

1993년, 남편과 결혼했을 시기에는 소고기 한식 뷔페가 한창 유행하고 있었다. 남편 역시 그런 종류의 식당에 관심을 가지기 시작했다. 사랑만으로 결혼했으나, 막상 남편의 월급만으로는 살아가기 힘들었다. 언제 돈을 벌고, 언제 저축하고, 언제 부자가 될 수 있을는지 막막했다. 그래서,

"나, 장사를 한번 해 봐야겠다!"

라고 마음먹은 남편을 부추겨서 용감하게 뛰어들었다. 나는 일하던 유치원을 그만두었고, 그 시기에 남편도 하던 일을 다 접고 음식점을 탐색하였다. 특별한 고도의 요리 실력이 없어도 가능한 음식업이 뭘까? 그래도 이삼 년의 체인 사업본부에 있었던 남편의 경험과 능력에 의존할 수밖에 없었다.

당시 고기 뷔페를 운영하던 식당 대부분은 고기의 질이 낮은 고기를 쓰다 보니 자꾸만 폐업하고, 사업 유지를 하지 못하는 상황이었다. 남편은 그런 선례를 보며 고기만큼은 좋은 품질을 써서 장사를 잘해 봐야겠다는 다짐을 했다.

그리하여 내 나이 26살, 남편 나이 38살에 첫아이를 낳자마자 모든 것을

새로 시작한다는 마음가짐으로 고깃집을 차렸다. 철없는 새댁의 무모한 도전은 애처로웠지만 참으로 용감한 도전이었다.

그리고 진짜 믿을 수 없는 일들이 벌어졌다. 운이라고 말해야 할까? 희한하게 석 달이 채 되기도 전에 줄을 서야 먹을 수 있는 대박 맛집의 진풍경을 상상해 보기 바란다. 파울루 코엘료의 『마법의 순간』이라는 책에서 마음에 와 닿았던 구절이 생각난다.

"살다 보면 흔히 저지르게 되는 두 가지 실수가 있습니다. 첫째는, 아예 시작도 하지 않는 것이고 둘째는, 끝까지 하지 않는 것입니다."

장사를 시작하고 이를 지속해 나가며 이 구절을 많이 떠올렸다.

"내가 이 일을 시작은 했지만, 끝까지 할 수 있을까?"

라는 의문이 들기도 했다. 나는 사회생활 경험도 부족했고, 아직 해 보지 못한 것들이 너무나 많았기에 한 가지 일을 힘이 닿는 데까지 지속할 수 있다는 자신감이 부족했다. 패기 있게 시작한 장사였지만, 마음 한구석에는 언제나 불안감이 도사리고 있었다.

하지만 사람은 발전하기 위해서는 낯선 상황에 끊임없이 부딪혀야 한다는 것을 깨달았다. 낯선 것에 부딪히지 않으면 정체되기 마련이고, 끝까지 해 보지 않고 계속 포기하게 된다면 포기한 것에 대한 미련이 남아 이를 후회할 것이 자명했다. 하지만 끝까지 밀어붙인 일은 후회가 남지 않는다. 나는 이왕 시작한 장사에 후회를 남기기 싫어 이를 악물고,

"그래. 열심히 해 보자."

다짐했다. 그야말로 선택의 갈림길에서 명징한 선택을 한 셈이다. 포기를 쉽게 생각하지 않았기에 장사를 오래 해 올 수 있지 않았나 싶다.

인간은 언제나 선택의 갈림길에 선다. 하나의 선택을 하고, 그에 따르는 책임과 결과를 오롯이 홀로 받아들여야 하는 외로운 상황에 직면하기도 한다. 하지만 우리는 그 앞에서 좌절하거나 지레 겁을 먹고 뒷걸음질 쳐서는 안 된다. 새로운 시작은 새 인생을 열어 주고, 그 안에서 우리는 새로운 자기 자신을 만날 수 있기 때문이다.

나는 아무것도 모르는 사회 초년생 때에 '장사'라는 선택지를 택했다. 포기할 생각을 하지 않았기에 지난날 장사를 하며 보낸 세월이 아깝지 않고, 미련이 남지 않는다. 지난날을 돌아보았을 때 후회가 없었다고 말할 수 있는 사람이 정말로 멋진 사람 아닐까?

그러니 나는 현재 선택의 갈림길에서 고민하는 사람들에게 전하고 싶다. 인간은 언제나 선택해야 하고, 매 순간의 선택이 최선은 아닐지라도 각자의 위치에서 최선을 다하면 지나온 길을 후회하지 않는다는 것을.

05

연애는
이런 사람과 해야지

나는 어렸을 때부터 참 긍정적인 사람이었다. 뭐든 좋게 생각하려고 하고, '좋은 게 좋은 거 아니겠어?'라는 생각이 대부분이어서 나도 모르는 사이 뒤통수를 당하기도 하는 그런 사람이었다. 좋게 말하면 긍정적인 사람이지만, 달리 말하면 뭐랄까. 분석력이 좀 떨어지고, 논리적이지 못한 것이 큰 단점이라고 할 수 있었다.

나는 MBTI 성격 유형 중 ESFJ-A 유형이다. ESFJ는 친화력이 아주 좋으며, 타인에 관한 관심도 높고, 굉장히 조직적이고, 성실한 사람이고, 참을성도 많은 편이고, 신념과 주관이 매우 뚜렷하고, 의리도 강하고, 공감 능력과 소통 능력이 뛰어나고, 누군가의 이야기에 반응도 잘해 주고, 타인에 대한 애정도 높고, 사업적으로 뛰어난 사람이다. 반면 자기주장도 강하지만, 힘든 일이 생겨도 이른 시일 내에 극복할 수 있는 이른바 '정신력'이 강한 사람이라고 볼 수 있다.

그런데 매사에 열정이 너무 지나치다 보니 쉽게 지쳐 떨어지기도 했다. 일과 관계의 균형을 중요시하는 사람이지만, 거절을 잘 못 하고, 눈치도 많이 보고 인간관계를 너무나 중시하는 편이라 '아, 저 사람은 왜 나를 싫어하지? 저 사람 표정이 왜 저렇지?' 등등 인간관계에서 스트레스를 정말 많이 받는 유형이기도 하다.

또한, 이 ESFJ와 연애를 하는 남자나 여성은 굉장히 복받은 사람이기도 하다. 이 유형의 사람들과 연애하면 아주 큰 배려를 받는다는 기분을 느낄 수 있을 것이다. 물론 상대방이 더 잘해 줄 때도 있겠지만, 이 유형의 사람들은 대부분 연애에 있어서 사람을 편안하게 보듬어 주고, 내가 그 사람의 안식처가 될 수 있도록 한다.

그런데 내가 분석력이 떨어지고, 논리적이지 못해서 2000년도 초반에 장사를 하다가 번 돈을 다 잃은 적이 있다. 투자를 잘못한 것이다.

2000년 초반에 인천 영흥도 화력발전소 건설의 바람이 불었다. 화력발전소의 건설이 일어나면 그곳에 있는 노동자들, 관리자들의 숙소가 부족할 것으로 생각했다. 그들의 숙소를 빨리 건축한다면 임대주택으로 큰돈을 벌 것만 같았다.

그렇게 지인의 사업에 발을 담그게 되었다. 52가구의 원룸, 투룸을 대여하면서 노동자들에게 임대하고 숙박비를 받는 사업이었는데, 건축 과정에서 억대의 금액이 예산보다 더 들어가는 등 우여곡절을 겪고 종국에는 경매가 진행되어 법정관리로 들어가게 되었다.

그때를 기억하고 싶지 않다. 그곳에는 발길도 들이고 싶지 않아서 근처에도 가지 않은 지 10년이 다 되어 간다. 어떤 일이든 투자할 때 사람만을 무작정 믿기보다는 시장조사를 꼼꼼하게 해야 할 필요가 있음은 두말할 것도 없다. 비용을 부담하더라도 꼼꼼한 전문가를 섭외하여 조사하고 법률 자문을 받은 뒤 모든 요소를 꼼꼼히 살폈어야 했는데, 사람만 신뢰한 나머지 하나하나 분석하지 못한 나의 실수였다. '정말 이게 괜찮을 것인가'를 고민한 다음 돈을 투자해야 하는데, 너무 철이 없었고, 무모했다. 지금도 마음 한편에는 싸한 아픔이 자리한다.

논리적이고 분석력이 떨어지는 첫 번째 사건이 젊은 날이 아닌 40대 후반이나 50대 후반에 터졌다면 나는 다시 재기할 수 없었을 것이다. 30대에 일어난 일이기 때문에 그나마 다시 나한테 채찍질을 가할 수 있었다.

"아, 세상이 이렇게 무섭구나. 눈 크게 뜨고 세상을 살펴야겠다."

라는 생각으로 살아가게 된 것이다. 당시에는 경제적으로도 어려웠지만, 심적인 고통이 더 컸다. 나는 사람을 만날 때 그 사람의 장점도 잘 보고, 단점도 잘 보는 편이다. 한마디로 그 사람의 많은 면을 빠르게 읽어 낸다고 할 수 있겠다. 사람은 그렇게 잘 보는데, 왜 당시 투자하는 데 있어서는 그런 것들을 빨리 바라보지 못했을까?

지금 생각해 보면 참 미련했다. 하나하나를 야무지게 따져 보지 못하고, 예리하게 바라보지 못한 지난 시간이 너무 안타깝다. 지금 와서도 긍정적인 성격을 마냥 긍정적이라고만 할 수 있을지 나는 잘 모르겠다. 긍정적인 생각 덕분에 경제적으로도 심리적으로도 힘든 시기를 이겨 낼 수 있었지만 말이다.

내가 투자에 실패하고, 경제적으로 힘들어졌을 때처럼 사람이라면 누구나 힘든 시간이 찾아온다. 그게 어떤 일이든지, 크고 작은 일이든지 간에 말이다. 이 책을 읽고 있는 당신도 이겨 내기 어려운 시간이 찾아온 적이 있거나, 혹은 현재 그런 시간 속에 있을 것으로 생각한다. 이야기를 이어가기 전, 이 책을 읽고 있는 당신에게 힘든 일을 이겨 낼 힘이 있다고 말하고 싶다.

돈통이 미어터질 정도로 돈을 잘 벌던 식당에도 위기가 찾아왔다. 매출이 하락하며 관리비를 걱정하고 소중한 직원의 임금이 가끔 미뤄지는 대위기가 찾아왔던 것이다. 26살에 아무런 지식도, 경험도 없이, 하물며 사회생활 경력도 부족한 채로 장사를 시작했다. 어찌 보면 무모한 시작이었다. 그런데 경험 없이 시작한 것치고는 장사가 잘됐었다. 정말 잘됐다. 돈통이 미어터질 정도로 돈을 벌고, 맛집으로 인정받고. 그런데 이런 내게도 삶의 고비가 온 것이다.

고깃집 하나만 바라보며 20대를 보내고 30대를 보냈는데, 매출이 하락하며 많은 스트레스에 불면증이 찾아왔다. 엎친 데 덮친 격으로 숙박 임대사업에 날린 돈을 절반도 복구하지 못했는데 매출 하락이라는 큰 2차 위기가 온 것이다.

시련이 닥쳤을 때, 이런 생각을 했다.

"아, 무언가 변화가 필요한 시점이구나!"
"절망 속에 빠져서도 계속 같은 것만 고집하고, 가던 길만 걸으려고 하면 내 인생이 달라질 수 있을까?"

나는 무언가 다른 것을 찾아서 움직여야 한다고 생각했다. 하나의 틀에 박혀서 살면 이도 저도 되지 않는다. 내 인생은 시련에 막혀서 달라지지 않을 거다. 이런 마음가짐으로 다양한 것들을 새롭게 시도해 보려 한 것 같다.

그런데 무언가를 새롭게 시도해 보려고 하니, 내 앞에는 벽이 너무나 많았다. 나는 음식점 말고는 할 줄 아는 게 없는데, 뭘 어떻게 바꾸어 보려니 막막하기 그지없었다. 이것저것 뭐라도 해 본 사람이라면 뭐든 할 수 있고 도전해 볼 텐데. 해 본 것이 많지 않은 고깃집의 주인이자 일개 동네 아줌마의 고민은 커지기만 했다. 어디서부터 손을 대야 할지 막막했다.

게다가 적지 않은 나이였다. 일궈 놓은 게 없고 돈마저도 날린 상태에 초라해진 자신을 발견하고 많은 밤을 눈물로 지새웠던 나날이 떠오른다. 어쩌다가 내가 이 지경에 이르렀을까? 나이는 먹을 대로 먹어서 두려움이 앞서는 가운데 부끄러운 고백이지만, 그때 참 많이도 방황했다. 뭘 할 수 있을지 불명확했고, 앞날이 불투명해 보이고 사는 게 정말 우울한 일이라고 생각했다.

그 시점에 우연히 한 강의를 듣게 되었다. 그 강의를 듣고서는,

"나도 강사가 될 수 있을까?"

라고 생각했다. 그 강사가 너무나도 우아하고, 똑똑하고, 빛이 나 보였다. 내게 있지 않은 것들이 그 강사에게는 모두 있는 것처럼 보였다. 풍부한 지식이 있는 것도 아니고, 이렇다 할 자격증도 없는 나는 그 강사가 그렇게 부러울 수가 없었다.

그날 이후 나는 강사가 되기로 마음먹었다. 주부이고, 식당 주인이자, 동네 남아도는 아줌마에 불과했던 나는 큰 꿈을 꿔 보기로 작정했다. 강사를 해 돈을 벌어 가정경제에 보탬이 되고, 아이들에게도 존경받을 수 있는 어머니이자 강사 유주희가 되어야겠다고 생각했다.

그 강의는 내 인생의 전환점이 되었다. 그리고 사람이 변화하려면 어떤

'계기'가 있어야 한다는 걸 느꼈다. 누군가 사소하게 던진 말이 본인에게는 큰 충격이 되어 변화의 계기로 작용할 수 있고, 나처럼 우연히 마주한 무언가가 변화의 계기로 작용할 수도 있는 것처럼 변화는 아주 작은 것에서부터 시작된다.

변화를 두려워해서는 안 된다. 변화를 두려워하면 과거에만 갇혀 살게 된다. 변화를 맞닥뜨릴 준비가 되어 있는 사람만이 진정한 변화를 오롯이 감내하고 이겨 나갈 수 있을 것이다.

『프린세스 마법의 주문』 중, 현재 절망에 빠져 있거나, 닥친 시련에 힘들어하고 있는 분들에게 어울리는 구절이 있다.

> "터널 안의 어둠만 보려고 하지 말고 희미한 빛이라도 찾으려고 노력을 해 보자. 고통은 언젠가는 끝이 나기 마련이다. 빛을 향해 지금 당장 한 발을 내디뎌라. 한 걸음 걸을 때마다 터널 끝의 작은 빛은 크게 보일 것이다. 그것이 끝난다는 확신을 하고 용기 있게 달려가 보자."

이 구절이 현재를 살아가는 당신들에게 큰 힘이 되었으면 좋겠다. 당신은 무엇이든 할 수 있고, 이겨 낼 수 있다는 사실을 잊지 말길 바란다.

06

웃는 얼굴에
침 뱉으라

한때 시청률이 30%에 육박했던 〈거침없이 하이킥〉이라는 시트콤 드라마가 있었다. 그 드라마에서 귀여운 미소로 일약 스타덤에 오른 배우가 있다. 조그마한 눈에 풋풋하고 귀여운 얼굴의 주인공 서민정! 그녀는 원래 '스마일 여왕'이 아니었다.

그녀가 처음 케이블 방송계에 발을 들여놓을 당시만 해도 웃음은 많지 않았다. 수척한 모습에 다소 어두운 그늘이 많았던 사람이었다. 그녀가 '비장의 무기'인 해맑은 미소를 갖게 된 건 본인의 끈질긴 노력 덕분이었다. 그녀는 하루에 3시간 이상을 '미소 짓는 표정'에 온 열정을 쏟아부었다. 6개월간 매일 웃는 연습을 한 결과 '스마일 여왕'이라는 애칭을 얻게 된 것이다.

그녀가 노래를 부를 때에는 음정 박자가 하나도 맞지 않는다. 그런데도, 보는 이로 하여금 미소를 머금게 한다. 이유는, 서민정표 '반달 눈웃음'을 얼굴 가득 머금은 채 열심히 부르기 때문이다. 그래서 얻은 또 하나의 애칭이 '음치의 여왕'이기도 하다. 뭔가 부족해도 귀여운 미소가 다 커버해주는 것이다. 그녀는 말한다.

"웃음도 노력이에요!"

'서민정'의 예에서 보듯이, 밝은 표정
과 미소는 분위기를 환하게 만드는 힘
이 있다. 주위 사람들로 하여금 친근감
과 호감을 느끼게 한다. 주위 사람들을
빨아들이는 매력이 있다. 뭔가 잘못했
어도 그냥 용서되기도 한다.

나는 성격이 참 급한 사람이라서 실
수도 좀 많이 하는 편이다. 예를 들어,
집에 들어갈 때 대문을 열고 신발을 벗는 것 하나도 천천히 하지 못한다.
급하게 신발을 벗고, 신발이 뒤집혀 있으면 후다닥 달려가서 신발을 다시
뒤집고. 뭐든지 조금 급한 편이다.

마음이 행동을 미처 따라가지를 못한다. 성격이 급하다 보니 일상에서
자잘한 실수 역시 많이 하고, 일하면서도 다른 사람들보다 실수를 조금 더
많이 했다. 나이가 들고, 철이 들고, 내가 하는 일들이 익숙해지고서야 실
수는 점차 줄어들어 갔다.

10여 년 전 금요일 저녁이었다. '불금'이라는 말이 괜히 있는 것이 아니
라는 걸 증명하듯, 금요일은 늘 붐비고 혼잡했다. 손님이 몰려들기 시작할
때, 나와 직원들이 손발을 맞추지 않으면 순식간에 주문이나 동선이 꼬여
머리가 복잡해지곤 한다.

그러한 상황에서, 손님이 자꾸 된장찌개를 재촉했다. 된장찌개를 빨리
드리고자 뜨거운 뚝배기를 들고 테이블에 다급하게 걸어가던 중, 내 다리
가 쭈욱 미끄러졌다. 결국 나는 팔팔 끓는 찌개 국물을 내 얼굴과 목에 다

뒤집어쓰게 되었다. 그렇게 상반신에 크고 작은 화상을 입게 되었고, 화상 전문 병원에서 9일을 입원해야 하는 불상사가 생기기도 했다.

지금은 화상이 모두 회복되었으나, 아직도 찌개가 끓는 '보글보글' 소리가 들리면 그 아픈 추억이 떠오른다. 태생은 못 고친다는 말이 있듯이 선천적인 급한 성격은 노력으로도 바꾸기 힘들다는 말이겠다. 급한 성격 탓에 일하며 실수도 정말 많이 했다. 뭘 엎거나, 음식을 잘못 가져다드리는 등의 실수들 말이다.

그럴 때마다 나는 무조건 잘못을 빨리 인정하고 웃음으로 거듭 사과한다. 시종일관 환한 웃음을 통해 고객을 모두 내 편으로 만들기도 하고, 실수를 진심으로 인정하고 사과했다. 신기하게도, 지금까지 나에게 크게 화를 내는 고객은 거의 없었다. 진심은 통하는 법이기에 가능한 일이라고 생각한다. 나의 환한 웃음과 열정 에너지가 장사에도, 가게 속에서도, 손님들에게도 통한 모양이다.

그렇다. '얼굴이 조상 탓'인 것은 맞다. 그러나 '표정만은 내 탓'이다. 사십 대 이후의 얼굴은 본인 책임이라고 하지 않는가? 밝은 표정과 미소가 그 출발점이 될 것이다.

07

틀린 것이 아니라
다른 것이다

남편과 내 성격은 정말 다르다. 이렇게 달라도 되나 싶을 만큼 다르다. 나는 설거지를 할 때도 정말 빨리빨리 하려고 한다. 접시 하나를 닦더라도 빠르게, 접시 하나를 헹굴 때도 빠르게 말이다. 그럼 남편은 어깨너머로 나를 지긋이 지켜본다.

"도대체 왜 저렇게 급할까?"

"한 템포만 늦춰 봐!"

이 말은 늘 남편이 내게 하는 말이기도 하다. 설거지라도 할라치면 미더운 눈빛으로 나를 한참이나 지켜보고, 세제를 깨끗이 씻지 않는 건 아닐까, 제대로 닦지 않는 건 아닐까 감시하기도 한다.

나는 뭐든 느리고 천천히 행동하는 남편을 보면 속이 터진다. 천천히 그릇을 문질러 닦고, 천천히 물에 헹구고. 이런 모습을 보면 아주 발을 동동 구르고 싶어진다. 이런 게 바로 성격의 차이가 아닐까 싶다.

우리는 살아가면서 참 많은 일들을 접하고, 수많은 사람들을 만나며 살아간다.

"네 생각이 틀렸어. 그건 아니야."

"네가 한 행동은 틀렸어."

"네 의견도 잘못된 거야."

예를 들어 본다면, 사람들에게 '+'가 그려진 카드를 보여 주면 뭐라고 말할까? 수학자는 덧셈이라 하고 산부인과 의사는 '배꼽'이라고 말할 수 있을 것이다. 그리고 목사님이나 신부님은 '십자가'라 할 것이고 교통경찰은 '사거리'라고 할 것이다.

왜 그런 걸까? 사람은 누구나 다 자기 관점에서 바라보기 때문이다. 한마디로 그들이 말하는 것은 '틀린' 것이 아니고 '다를' 뿐이다. 그래서 사람은 서로가 서로를 비판의 대상으로 보는 것이 아니라 이해의 대상으로 봐야 한다.

우리는 종종 다른 것을 틀린 것으로 생각한다. 하지만 나와 다르다고 외면하거나 비판으로 '틀림'만 강조할 것이 아니라 먼저 상대에 대한 '다름'을 인정하고 존중할 때라고 생각한다. 내 생각과 다르다고 '틀렸다'라고 하지 말자. 때론 생각지도 못한 지혜를 나와 다른 상대에게 배울 수 있다. 서로의 '다름'을 인정하고 존중하는 것, 더 나은 세상을 만드는 지름길이 될 것이다.

이렇게 하나부터 열까지 다른 나와 내 남편이 같이 장사를 하며 크게 부딪치지 않을 수 있었던 이유는, 나는 내가 잘할 수 있는 일을 하고, 남편은 남편이 잘할 수 있는 일을 했기 때문이라고 생각한다. 성격이 급해서 자주 덜렁대는 내가 홀에 매진하거나, 주방에서 열심히 한다고 하더라도 별일이 없었을까? 과연 오래도록 길게 장사를 할 수 있었을까?

아마도 아닐 것이다. 나는 가게 관리를 하고, 직원을 채용하고, 월급을 챙겨 주고, 가계부를 정리하고, 발주를 넣는 일 등 전반적인 관리 역할을 주 업무로 했기에 오랜 시간 동안 장사를 할 수 있었던 것 같다.

아마도, 성격이 급한 나와 여유롭고 느긋한 남편이 함께 식당에서 매일매일 발로 뛰며 일했다면 자주 마찰이 생겨 장사를 금방 접었을 것이다. 남편의 여유로운 성격이 내 급한 성격과 충돌하기보다는 중화되어 좋은 효과가 났기 때문에 장사를 지속할 수 있었던 것과 마찬가지이다.

우리가 인생을 살아가다 보면 우연히 타인과 의견이 맞지 않거나 내 생각과 다른 경우를 접하게 될 것이다. 그때 상대방을 '틀림'이라는 프레임에 씌우는 일은 없어야겠다.

5부

동네에 남아도는
아줌마의 대변신

동네에 남아도는
아줌마의 대변신

눈 내리는 추운 밤, 자정이 되어도 아들은 귀가하지 않았다. 겨울방학이었지만 들어오지 않는 아들을 찾아 헤매는 날들이 자주 반복되었고, 불안감은 날이 갈수록 커지던 와중에 일은 기어이 터지고 말았다.

아들 포함 3명이 8명과 싸우는 일이 일어났다. TV에서만 봐 왔던, 그런 살벌한 일에 우리 아들이 개입한 것이다. 코뼈가 부러지고 턱뼈가 뒤틀리고 팔뚝이 부러지는 일이 남의 이야기가 아닌 나의 현실이 되는 사건이었다. 그렇게 중학교 2학년생 아들 녀석의 일탈이 시작되었다. 나는 이 시기가 내 인생에서 가장 힘든 시기였다고 생각한다.

나는 아들과 함께 선 청소년 법정의 판사 앞에서 참으로 초라한 나 자신을 발견했다. 그 일을 계기로 나는 생각했다. 이제까지 내가 놓치고 사는 것들이 정말 많았구나. 그리고 다짐했다. 이제는 그저 좋은 어머니가 되어야겠다고.

존경받는 엄마가 되고 싶다는 나의 간절함은 나를 또 다른 길로 이끌어 주었다. 자존심도 떨어지고 자존감마저 무자비하게 사라졌던 그날의 쓰라린 기억은 지금도 내 삶에 큰 부분을 차지하고 있다. 당시 삶을 내려놓고 싶어졌을 때, 모든 것이 부모인 나의 잘못이라는 걸 뼈저리게 느꼈던 날, 나는 '부모 교육으로 자녀와의 원활한 커뮤니케이션'이라는 강의를 접하게 되었다.

모든 부모는 자녀들의 행동을 변화시켜 보려고 했지만, 좌절감만 겪은 경험이 있을 것이다. 실제로 자녀를 양육하다 보면 자녀들이 부모의 욕구를 거스르는 방향으로 행동하는 일이 많다. 그러나 이러한 갈등 상황은 부모 자녀 간의 관계에서 어쩔 수 없는 현상이다.

갈등은 인간을 서로 멀어지게 하거나(불화) 좀 더 가깝고 친숙한(상호 이해) 관계로 이끄는 힘이 있다. 갈등의 해결 방법이 부모 자녀 관계에서는 매우 결정적인 요인이다. 갈등은 인간 생활의 한 부분이며 불필요하지만은 않다는 사실을 인정하는 부모는 많지 않다. 그래서 부모와 자녀 간의 갈등은 어떤 일이 있더라도 피해야 하는 것으로 생각하는 부모들이 많다.

또한 부모들은 자녀에게 "제발 싸우지 말아라!"라고 소리치기도 한다. 십 대 자녀를 가진 부모들은 자녀들의 나이가 들수록 자녀들과의 불일치가 증대되거나 가족 간의 갈등이 심화되어 서글퍼지기도 한다. 대다수 부모는 자녀들과의 갈등을 싫어하며 갈등이 일어나면 회피하려고 한다는 사실을 알고 난 후, 나는 보다 적극적으로 대하기 시작했다.

일단 일과에서 아들과의 소통을 우선순위에 두고 시간을 '사서' 아들과 함께 더 많은 시간을 보내기 시작했다. 텔레비전 시청이나 컴퓨터 사용을 줄이고 마주 앉아 신체 접촉을 적극적으로 만들어 나갔다. 또한 날마다 적어도 한 끼는 가족 전체가 함께 식사하려고 했다. 함께하는 식사는 아들과 가까워지고 차분히 대화를 나눌 정말 훌륭한 기회가 되었다.

이런 목적으로 일주일에 한 시간 정도 따로 떼어 깊이 있는 대화를 하였다. 정기적으로 자주 의사소통을 했다. 아들이 학교에 가기 전에, 아들에게 격려 담긴 말을 해 주곤 하였다. 이러한 나의 노력 덕분인지 아들의 생활에 조금씩 변화가 오면서 정상적인 아이로 성장하여 지금은 나의 큰 버팀목이 되어 주고 있다.

[사랑하는 내 아들]

누구나 살아가다 보면, 어느 순간 가슴이 쿵 하고 떨어진 것 같을 때가 있다. 내가 습관처럼 해 오던 일들이, 흘러가는 무수한 날들에 돌연 회의감이 드는 것이다.

"내가 잘하고 있는 건가?"
"내가 하는 것이 맞는 걸까?"
"내게 조금 더 의미 있는 일은 무엇일까?"

이런 의문이 나를 덮쳤을 때, 나는 생각했다. 나에게는 변화가 필요하다는 것을⋯. 이런 생각은 갑작스레 마음의 문을 두드린다. 아무 예고도 없이. 내가 장사를 하다가 갑자기 강사가 되어야겠다고 마음을 먹은 것 역시 같다.

내게서 스쳐 지나가고, 별다른 영양가 없이 기억 속에서 사라졌을 수도 있는 한 강의가 내 인생을 완전히 뒤바꿔 놓았으니 말이다. 어느 날 한 강연을 듣고 나서 강연하던 강사가 내 머릿속에서 도무지 잊히질 않았다. 그 강사는 나와 달리 너무나 멋있고, 똑똑해 보였고, 막연히 그 사람은 나의 동경의 대상이 되었기 때문이다.

단순했던 걸까, 겁이 없었던 걸까? 나는 그 강사를 따라 나도 강사가 되어야겠다는 꿈을 가졌다. 주변에서는 나를 만류했지만, 나는 응급실에 몇 번이나 실려 가면서까지 공부를 포기하지 않았다. 지금 생각해 보면 내게 왜 그 강의와 강사가 의미 깊게 다가왔는지 알 것 같다.

내가 지적으로도 물적으로도 충분히 풍족하다고 느꼈었더라면, 동네에 남아도는 아줌마의 변신 행보는 시작되지 않았을 것이다. 그리고 그 강연에서 무언가 얻을 수 없었을 거다. 하지만 그 강연은 가슴 깊이 묻혀 있던 내 욕망을 일깨웠고, 그 순간 나는 놓치고 살아가던 내 꿈, 내 소망, 내 바람 등을 깨달은 것이다. 변화가 필요한 시점에서, 변화를 촉진하는 무언가를 운명처럼 만났기에 나는 결국 강사가 될 수 있었던 거라고 말하고 싶다.

5부에서는 내 이야기를 가장 솔직하게 풀어내 보려 한다. 어쩌면 이것은 내 초라한 민낯일 수도 있고, 초라했기에 더욱 값진 시간이었을 수도 있다.

다들 "맨땅에 헤딩"이라는 말을 들어 보았을 것이다. 나는 아픈 줄도 모르고 수십 번씩 맨땅에 헤딩하듯 더 높은 목표치를 향해 달렸고, 가지고 있는 것이 없어서, 아는 것이 없어서 몇 번이나 실패하곤 했다. 하지만 목표에 닿는 데 필요한 것은 결국 다름 아닌 변화의 의지다. 변화의 의지를 품고 자식들에게 자랑스러운 어머니가 되자는 일념하에서 이뤄 낸 것은 결국 '강사'라는 자격이다. 막연히 바라 왔던 꿈을 가지게 된 것이다.

내가 동네 남아도는 아줌마에서, 수많은 사람 앞에 서서 강연하는 강사가 되기까지의 과정을 여과 없이 이 장에 담아냈다. 이것이 꿈을 향해 달려 나가는 사람들에게 조금의 도움이라도 된다면 나는 더 바랄 것이 없겠다. 궁극적으로 전하고 싶은 것은,

"포기하지 마라. 당신은 그 무엇보다 가치 있는 사람이다"

라는 메시지이기 때문이다.

01

진일보를 위한
최고의 순간

신은 늘 공평하셨다. 딸아이가 100점 만점에 200점짜리의 반듯한 모범생이었다면, 내 골칫거리는 바로 아들 녀석이었다. 2011년도에 아들은 중학교 2학년이었다. 사춘기라는 혹독한 질풍노도의 시기였을까. 아들이 바야흐로 지독한 방황을 할 때였다.

아들의 일과 관련해 살면서 처음이자 마지막으로 재판정에 죄인 취급을 받으며 판사님과 검사님 앞에 서 보았다. 내 잘못도 아닌 아들이 지은 죄로 재판정에 서게 된 것이다. 그런데 그런 서글픈 현실과 마주하고, 재판정에 서 보니 문득 이런 생각이 들었다.

> "아, 비단 아들만이 잘못해서 내가 법정에 선 것이 아니구나. 모든 것은 내 잘못이구나."

성년이 되기 전 자녀의 모든 잘못은 부모의 책임이라고 했다.

아들은 폭행으로 인해 소년 법정에 서게 되었다. 3명과 8명이 각자 무리를 이루어 패싸움이 났는데, 거기서 아들은 3명 중 한 명이었다. 이는 상대아이들의 골절과 상해 정도가 심해서 법정까지 가게 된 사건으로, 뼈가 부러진 것은 물론 치아, 얼굴까지 멀쩡한 곳이 없었다. 다친 학생의 부모가 나였다고 해도 가만히 있지는 않을 사건이었다. 그렇게 나는 폭행 피해자 가족들에게 각 1,000만 원씩을 배상했고, 아들은 교육 프로그램 40시간 이수 처분으로 사건은 마무리 지어졌다.

아들은 무단조퇴와 무단결석을 밥 먹듯 했다. 너무 창피한 이야기이지만, 아침마다 아들을 깨우는 게 나의 일과였다. 등교시키고 교문에 들어가는 것을 확인하는 일도 못 할 짓이었지만 꿋꿋이 해냈다. 당시 아들을 학교에 보내 놓으면 11시까지 휴대전화에서 손을 놓을 수 없었다. 담임 선생님으로부터 "오늘도 ○○이가 학교에 오지 않았다."라는 전화가 올까 노심초사 전전긍긍하는 내 모습이 내가 봐도 안쓰러웠다.

아들을 전학도 시켜 보았다. 맹모삼천지교라고, 아이가 자꾸 안 좋은 아이들이랑 어울리니 주거지와 학교를 바꾸면 괜찮을 거라 생각했다. 옮긴 학교에서는 정말 괜찮을 줄 알았는데 그곳도 크게 다를 건 없었다. 나름 주먹을 쓴다는, 이른바 좀 '날고 기는 애들'을 이미 선배들이 먼저 알아본 것이었다.

선배들은 눈에 띄는 후배들을 먼저 포섭한다. 깜깜한 밤에 아들 친구 몇 명을 불러내어 놀이터에서 무릎을 꿇게 한다. 그 뒤 뒷짐을 지고 흔히 영화에서 나오는 이야기처럼 무릎 꿇은 아이들을 때린다. 흔히 군기를 잡는 선배들이라고 불리는 그 학생들은 각목을 들고 아들과 다른 아이들의 배를 때리는데, 아들은 그 각목으로 배를 120대까지 맞았다고 했다.

나는 우연히 그 말을 들었다. 순간 난 정신이 나갔고 제정신이 아니었다. 아들이 재학 중인 학교에 당장 찾아갔다. 학교폭력위원회도 열었고, 그 선배들은 결국 청소년 교도소까지 가게 될 상황이었다. 나는 그 학생들을 도무지 용서하고 싶지 않았지만, 그 아이들에게 필요한 것은 엄벌이 아니라 어른들의 따뜻한 관심과 사랑이라는 것을 깨닫고 선처에 필요한 '처벌불원서'를 써 주어 모두 소년교도소에는 가지 않도록 했다. 그렇게 아이들 모두는 정상적인 학교생활을 할 수 있게 되었다.

나는 곰곰이 생각했다.

'왜 아들에게 이런 일들이 생겼던 걸까? 부모인 나에게 문제가 있는 걸까?'

스스로 성찰을 해도 해도 답을 찾을 수 없었다. 이런 고민에 빠져 있을 무렵, 마침 고광숙 강사의 〈좋은 엄마 되기〉라는 프로그램이 안산시 교육청에서 4주 기획으로 시행되고 있었다. 그 프로그램을 수강한 지 10년의 세월이 지났는데도 그분의 이름을 기억한다. 그 강사님은 자녀와의 소통 방식이 나와는 달랐기 때문이다. 나는 그분의 강의를 듣고 난 뒤 생각했다.

"저런 대화 방식을 쓰니 아들과 대화를 할 수 있었구나. 조금 더 나은 소통을 할 수 있었겠구나."

후회가 물밀듯 밀려왔다. 우리 아들이 당시 나와 남편을 엄마, 아빠가 아닌 보호자 1, 보호자 2로 저장해 놓았다는 사실에 큰 충격을 받았던 기억이 생생하다. 내가 아들의 마음을 더 잘 알고, 조금 다른 소통 방식을 썼다면 무언가 달라졌을까 후회가 되기도 했다.

그렇게 〈좋은 엄마 되기〉라는 강의를 듣고 난 뒤 생각했다.

'아, 나도 세상의 엄마들에게 도움이 되는 강사가 한번 되어 볼까?'

이것이 강사가 되어야겠다고 마음먹은 내 첫 번째 동기이다. 이후 나는 강사가 되기 위한 프로그램을 찾아서 스피치 학원에 다니기도 하고, 늦은 나이에 대학원에 도전하는 등 삶의 도전은 시작되었다.

그때를 생각하면, 시어머님을 모시면서 장사도 하고, 가게도 꾸려 나가는 도중 아이의 혹독한 사춘기를 함께 이겨 낸 나 자신을 칭찬하고 싶어진다. 어떻게 그 힘들고 어두운 터널을 걸어 나왔는지 모르겠다. 내 마음의 엔진에 강력한 힘을 불어넣기 위해 스스로 최면을 걸었던 날들의 연속이었는데, 이제는 그런 날이 무색해질 정도로 내 삶에는 많은 변화가 찾아왔다.

아들은 열아홉 살의 가을 무렵부터 정신을 차렸다. 고등학교는 인문계로 가지 않고 특성화 고등학교로 진학했는데, 특성화고의 특성상 학생들은 실습을 다녀와야 한다. 그러던 어느 날, 아들은 첫 실습을 다녀와서 내게 이런 말을 했다.

"일할 때는 두 손과 두 발만 계속 움직여야 한다. 10시간 동안 화장실도 가지 못한다. 화장실 갈 때는 기계를 멈춰야 하므로 누군가가 계속 작동시켜야 한다. 온종일 발과 손을 계속 움직이니 너무 힘들다."

그러더니 "엄마, 나 공부해야겠어."라고 말을 하는 것이었다. 처음에 나는 긴가민가했지만, 아들의 그 말은 사실이었다. 그날 이후로 아들은 공부를 열심히 하기 시작해 4개 영역을 9등급에서 1~2등급으로 끌어올렸다. 우리가 흔히 늦었다고 깨닫는 그 순간이 진일보를 향한 최고의 순간이 된다는 것을 18살의 아들을 통해 깨닫게 되었다.

02

죽기 살기로 하면 실패하고,
죽기로 하면 성공한다

내가 강사가 되기로 마음을 먹은 뒤, 당당하게 이 사실을 오빠와 언니들에게 먼저 알렸었다. 반응은 어땠을까? 격려해 주었을까, 아니면 현실적인 조언으로 나를 타일렀을까? 정답은 둘 다 아니다. 응원과 격려를 아끼지 않은 것도 아니며, 현실적인 조언을 해 준 것도 아닌 "요즘은 개나 소나 다 헛소리하네."라는 말로 내 가슴에 비수를 꽂았다.

지금 생각해 봐도 상처가 되는 말이었다. 그때 받았던 상처와 충격은 지금 떠올려 봐도 정말 생생하다. 강사가 되겠다는 동생에게 격려는 못 하더라도 저런 말을 했다는 것이 정말 더 상처가 되는 말이었다. 그 뒤 나는 친구들에게도 강사가 되고 싶다는 내 다짐을 알렸다. 친구들은 뭐라고 했을까? 나는 꼭 해낼 수 있을 거라고 응원해 주었을까?

"헛소리 말고 술이나 먹자."
"강사는 아무나 하냐."

라고 했다. 나는 그 누구에게도 응원을 듣지 못했다. 하지만 나는 상처 받았음에도 좌절하지 않고, 꿈을 포기하지 않았다. 가슴에 꽂히는 비수는 결국에 동기 부여가 되어 나를 앞으로 나아가게 해 주는 추진력으로 작용했다. 나를 예뻐하셨던 시어머님의 반응도 마찬가지였다.

"네가 공부해서 뭐 하게? 자식이나 잘 키워라. 남편 등골 빼먹지
말고."

내게는 형제나 친구들보다 더 크고 높은 장벽이 시어머니였다. 같이 사
는 어머니께 집안일을 등한시한다는 소리를 듣지 않기 위해 나의 힘듦이
더 컸던 게 사실이었다.

흔한 동네 고깃집 아줌마가 갑자기 강사가 되겠다니, 다른 사람들에게
는 뜬구름 잡는 소리로 들렸을지도 모른다. 주제 파악도, 현실 자각도 못
한 멍청한 사람으로 보였을 수도 있었으리라.

하지만 나는 내게 쓴소리를 한 사람들에게 꼭 강사가 된 내 모습을 보여
주겠다고 결심했다. 그에 따라 채워지는 강사의 꿈은 한 걸음씩 나아가는
반면, 꼭 챙기고 정성을 보여 줘야 할 인간관계에서의 섭섭함은 오랜 시간
이 지난 후에야 풀어 볼 수 있었다.

그렇게 한 가지만 보고 달리다 보니, 내 삶이 달라진 것은 물론, 아이들
의 삶도 달라졌다. 아이들이 하교해서 돌아오면 따뜻하게 맞아 주는 엄마
가 없었다. 집 안에서 엄마의 온기를 느낄 수 없었다. 매일 해 주던 따뜻한
밥 한 끼조차 해 주지 못했다. 버려진 아이들이 따로 없었다. 그런데, 어느
날 밤늦게 집에 들어오니 식탁에 샌드위치가 있는 게 아니겠는가. 그 옆에
는 손편지가 있었다. 손편지를 들여다보니, 눈물이 나왔다.

"엄마, 힘들지? 밥 아직도 안 먹었지? 그럴 것 같아서 내가 샌드위치

해 놨어. 얼른 먹고 자. 우리 엄마 파이팅!"

이라는 내용이 적혀 있는 것 아니겠는가? 나는 이 글을 읽자마자 반드시 명강사가 되어야겠다고 다시 한번 다짐했다. 명강사가 되어야 할 이유가 하나 더 생긴 것과도 같았다. 밤새 울면서 다짐했다.

'반드시 우리 아이들에게 자랑스러운 엄마가 될 것이다.'

뒤늦은 만학도의 길은 절대 쉽지만은 않았다. 나는 공부를 하고 교육을 듣고 강의를 들으며 무리한 탓인지 응급실에 실려 가기도 했다. 그것도 세 번씩이나. 그래도 나는 멈출 수가 없었다. 그야말로 죽을 각오로 달렸다.

'죽을 각오'라는 말과 관련해서 유명한 말이 있다. "죽기 살기로 했더니 은메달, 죽기로 했더니 금메달"이라는 말이다. 이 말을 누가 했는지 아는가? 바로 런던 올림픽 유도 종목에서 금메달을 땄던 김재범 선수가 한 말이다. 나는 그런 마음으로 달렸다.

김종만 씨의 일화도 생각난다. 그는 10년 전 30대 중반의 나이에 대학로에서 연극을 하고, 대학 강의를 병행하며 안정적인 생활을 하려 노력했지만, 마음 한편에는 "이렇게 살다가 내 인생이 평범하게 끝나는 것이 아닐까?"라는 불안함이 자리해 있었다.

30대 중반이 되자 삶에 대한 불안감에 예민해지기 시작했고, 희소병에 걸려 몸은 점점 말라 갔다. 그는 이러한 상황에서 죽는 것이 낫겠다고 생각했지만, 이렇게 죽으나 저렇게 죽으나 죽는 것이 똑같다면 내가 정말 하고 싶은 것을 하다가 죽어 보자는 생각이 들어 무작정 미국으로 떠났다. 미국에서 3년만 살며 견뎌 보자는 작정이었다. 그곳에서 영어를 한마디도 하지 못하는 그는 많은 고생을 하다 뉴욕 유명 연기 학교에 합격하게 된다.

"그곳에서 제일 많이 쓴 말은
'What does that mean?', 'I'm sorry.'였어요."

한국 대학로에서 활동하던 그는 자존심을 내려놓고 그곳에서 무작정 살면서 졸업했다. 이후, 뉴욕 연기 학교보다 더욱 유명한 연기 학교에 입학하게 되었다. 이때 그는 제임스 프라이스라는 연기 스승님을 만나게 되었다. 그곳에서 그의 스승님은 "Act before you think."라는 말을 해 주셨다.

한국에서는 "움직이기 전에 생각부터 해라."라며 무모한 사람들을 말리고, 대범한 사람들을 이상하게 보는 경우가 대다수인데 미국은 그렇지 않았다. "생각하기 전에 움직여라." 이 말에 그는 큰 감명을 받았다. 무작정 해 보자는 마음가짐으로 눈앞에 주어진 일에 뛰어든 것이다. 이렇게 '무작정'하다 보니 6명 중 1등으로 졸업할 수 있었다. 그는 아래와 같이 전했다. 이렇게 힘들고 두렵고 불안하고 도망치고 싶은 자기 자신한테,

"무작정 해. 미숙하더라도 작은 일이더라도….
괜찮아, 도전 중이면 괜찮아."

라고 하면서 무작정 했다. 죽으러 간 곳에서 죽을 만큼 힘들었지만, 자신의 가능성에 대한 호기심을 보았기 때문에 그 목표에 성공할 수 있었다.

그 후로도 계속된 도전을 하면서 떨어진 박스 스튜디오에 다시 도전하게 되었다. 그리고 더 큰 역할을 맡았고, 여기서 멈추지 않았다. 무엇이든 계속해서 도전하였다. 이후 애플의 아이폰 광고를 하면서 김종만 씨의 얼굴은 전 세계에 널리 퍼지게 되었고, 이제껏 그의 실패를 지켜본 부모님의 전화에 눈물을 하염없이 흘렸다고 한다.

"포기하지 않는 도전하는 삶은 아름답다.
그리고 숭고하다."

우리 모두는 목표가 있다면 힘든 순간이 찾아와도, 꿈을 향한 호기심과 원동력으로 시련과 고비를 뛰어넘을 수 있다고 나는 강하게 누구에게든 이야기하고 싶다. 이것이 내가 책을 쓰고 싶었던 이유이기도 하다.

[울산산업단지에서 임원을 대상으로 강의하는 저자]

03

배움에 한계는 없다

"주말인데 또 어디 가는 거야?"

"일요일인데 스터디 나간다고?"

논문을 쓰고 석사 학위를 받기까지 나는 주경야독도 모자라서 주말에도 배움의 끈을 늘 놓지 않았고, 지금도 진행형이다. 코로나19 팬데믹이 시작되고 환경에 적응하고 나니, 그 한계를 극복해 온 나의 삶을 되돌아보고 싶어졌다. 그래서 쉽게 펜을 잡고 쓰다 보니 '이 또한 쉽지는 않은 일이구나' 싶어서 중도에 포기하고 싶어진 게 사실이다.

배움에 끝은 없다고 본다. 우리는 죽을 때까지 배워야 한다. 나이가 몇 살이 되었든 배움을 멈추는 순간 늙게 된다. 새로운 도전과 모험으로 자아를 재발견하는 것은 인생의 중요한 활력소가 될 것이다.

나이가 들어 초라해지는 사람이 있는 반면 더 지혜로워지는 사람이 있는 이유는 배움의 차이 때문이라고 생각한다. 늦게 배움의 길에 들어선 이후 나는 깨달음이 주는 희열에 가슴이 설레어 잠 못 이루던 날들이 너무나 많았다.

아줌마 장사꾼에서 대중 앞에 당당하게 서기까지, 인내의 한계에 도달해 본 적이 너무나 많았었다. 앞으로 나아가는 길에서 너무 힘들어서 주저앉아 목 놓아 울어 본 적도 있었다. 포기하지 않던 배움과 열정이 있었기에 지금 이 모든 것이 나에게 선물이라 여긴다.

사람을 통한 배움, 존경하는 사람을 모방하는 것에서부터 깨닫는 기쁨 등 나이 여하를 불문하고 만나는 모든 사람이 스승이 될 수 있기에 사회적으로 인정받는 선두 그룹의 리더들도 역시 절대 사람을 통한 배움을 게을리하지 않는다. 급변하는 이 세상에서 우리는 끊임없이 배우고 성장하는 기쁨 속에서 살아야 행복해질 수 있다. 변화를 두려워 말자.

"내가 다다른 높이만큼 성장할 수 있고,
내가 모색할 수 있는 거리만큼 갈 수 있고,
내가 보는 깊이만큼만 볼 수 있고,
내가 꿈꾸는 만큼만 될 수 있다."

삶을 살아가며 우리에게 주어진 이 멋진 세상을 이해해 볼 필요가 있다. 지금처럼 많은 사람에게 다양한 기회와 가능성을 줄 수 있고, 능력이 되면 가진 능력을 발휘할 수 있도록 해 준 시대는 없었다고 본다.

특히 역사상 한국인들이 지금처럼 세계 속에서 잘나가고 있었던 때도 없었으며, 지금처럼 우리가 부유하고 풍요로운 생활 수준과 한류 문화의 열풍을 실감한 시절도 없었을 것이다. 이러하기에 무한한 가능성을 인정받는 시대의 흐름에 따라 삶의 주인으로서 살아가고, 배움의 한계를 단정 짓지 않았으면 한다.

"보석은 마찰 없이는 가공될 수 없다.
마찬가지로, 사람은 시련 없이 완벽한 사람이 될 수 없다."

- 공자

04

꿈을 향해
달려 나가는 사람들에게

김형석 교수님은 신체적 건강을 위한 일이란 책 읽기와 공부라고 말했는데, 나는 책 읽기와 공부를 한 가정의 어머니가 되어 본격적으로 시작했다. 강사가 되고 싶다는 꿈이 생기니 책 읽기와 공부는 저절로 따라오게 되었다. 꿈을 이루기 위해 온몸으로 꿈에 부딪히며 시행착오도 겪어 보고, 죽어도 좋다는 마음가짐으로 임하며 의지를 다져도 보았다.

그 과정에서 정말 필요한 것은 끊임없는 공부와 책 읽기였다. 삶은 터득하는 것이라는 말이 있듯, 꿈을 이루기 위해서도 무언가 터득하는 일이 필요하다. 그리고 그 터득의 방법은 바로 공부가 되겠다.

어른의 공부엔 제한이 없다. 학생 때는 학교에서 정해진 것을 배우고 정해진 숙제를 하면 됐지만, 어른은 그게 아니다. 하고 싶은 것을 하고 배우고 싶은 것을 배울 수 있기에 제한이 없다고 볼 수 있는 것이다. 실제로 어른이 되어서도 꿈을 잃지 않고 공부를 하는 사람들은,

"내가 괜찮은 사람이 되어 간다."

라고 말하기도 한다. 갈수록 더 희망이 보인다고도 말하고, 평생 행복하게 살아가게 해 준다고 자신 있게 말하기도 한다.

실제로 독학을 통해 법률가가 되어 칭송받던 링컨은 공부의 가능성을 보여 줌과 동시에 어른이 되어서도 포기하지 않고 끊임없이 공부하여 성장하는 모습을 보여 주며, 많은 이들의 본보기가 되기도 하였다.

"당신은 꿈을 위해 어떤 노력을 하고 있는가?
어떤 공부를 하고 있는가?"

아직 앞길이 막막하거나 꿈은 있지만 그것을 어떤 방법으로 이루어 내야 할지 긴가민가할 때에는 관련된 책을 한 권 읽어 보는 건 어떨까? 책한 권으로 시작한 공부가 당신의 꿈을 이루어 줄 수 있을 것이다. 작은 출발로 시작했지만, 어느 순간 죽을힘을 다해 노력하고 있는 나 자신이 거울 앞에 서 있으리라 믿기도 하고 말이다.

『개미와 베짱이』 우화에 비추어 보았을 때, 나는 항상 '개미'였다. 늘 내가 할 수 있는 것은 무엇인지 고민했고, 항상 무언가를 성취하고 싶어 했으며, 계획을 실천하는 데 많은 신경을 쏟았다. 쉬지 않고 장사를 해 오다가 돌연 강사를 준비하게 된 것도 이러한 이유 때문이다. 어떻게 보면 나는 여유라는 것이 불안했다. '여유를 즐겨도 되나?', '뭐라도 해야 하는 것이 아닌가?' 싶은 마음이 든 적이 한두 번이 아니다.

다니엘 길버트가 쓴 『행복에 걸려 비틀거리다』라는 유명한 책에는 행복에 관한 중요한 통찰들이 많이 담겨 있다. 그 책에는 이렇게 적혀 있다. 인간은 '미래의 행복과 불행'을 잘 예측하지 못한다고. 예컨대 사회적으로 인정받는 직업을 꿈꾸던 사람이 갖은 노력을 통해 그것을 이루었다고 해도, 그 후에 생각한 것만큼 그렇게 행복하지 않다는 것이다.

'행복의 조건'에 대해서 잘 모르면서, 우리는 삶의 대부분을 그 조건을 성취하기 위해 산다. 그러므로 미래를 위해 현재의 시간을 쓸 때는,

"그걸 이루면 내 삶이 정말 행복해질까?"

라는 것을 반드시 생각해 보아야 한다. 물론, 현재의 행복만 추구하다가 빈털터리가 될 수는 없으므로 우리는 원하는 미래를 만들기 위해서는 당연히 노력해야 한다. 현재의 행복과 바람직한 미래의 균형이 필요하며, '어떻게 균형을 맞출 것인가'에 대해 끊임없이 고민해야 한다는 뜻과도 같다.

죽을힘을 다해 노력하고 있는 일이 내게 행복을 줄 수 있을지는 자기 자신이 제일 잘 알고 있다. 우리에게는 우리가 무엇을 위해 달려가고 있는지, 그 이유에 대하여 깊은 고민이 필요하다. 그렇다면 나는 무엇을 할 때 행복한지 알아야 한다. 세상에는 좋은 말들이 넘쳐난다.

"가슴이 두근거리는 일을 해라."
"그냥 하자."
"악착같이 하면 성공한다."

누군가에게는 삶의 지표가 될 수 있는 말이지만 자신이 어떤 길을 가야 하는지 짐작할 수조차 없는 사람들은 이런 말을 들을 때 좌절하곤 한다. 그 때문인지 많은 이들은 이 같은 질문을 하기도 한다.

"하고 싶은 일, 좋아하는 일을 찾는 법을 알려 주세요."

일단은, 많은 경험이 중요하다. 내가 한 강사의 강의를 듣지 않았더라면 영영 강사가 되어야겠다는 꿈을 꾸지 않았을 것이다. 하나의 경험이 한 사람의 인생을 바꾸어 놓듯, 여러 가지 경험을 해 보며 이끌리는 것을 택하면 된다. 우선 아르바이트, 정규직을 불문하고 '직장'은 수입과 진로 탐색이라는 두 마리 토끼를 잡을 수 있는 최적의 장소이다.

자신이 맡은 업무들을 정리하고 잘 맞는 점, 안 맞는 점들을 비교하며 업무들을 추려 나가다 보면 가장 하고 싶은 일이 무엇인지 찾을 수 있을 것이다. 사회생활을 하는 사람들이 제일 쉽게 자신의 꿈, 더 간소하게는 자신의 '성향'을 알아볼 수 있는 일이라고 할 수 있겠다. 우선 자신에게 무엇이 맞는지, 무엇이 맞지 않는지를 알고 다음 단계를 실천하는 것이 중요하다.

또한, 과거엔 직업 선택의 폭이 좁아서 몇 가지 없는 선택지에서 진로를 결정했지만, SNS와 스마트폰의 발달로 스스로 홍보하여 본인이 좋아하는 것에 대해 전문가 대우를 받을 수 있는 세상이 되었다. 치킨 소믈리에, 게임 BJ, 여행작가 등 취미를 직업으로 하는 방식으로 진로를 결정지을 수도 있다. 당신이 즐겨 하는 것, 좋아하는 취미를 발전시켜 직업을 갖는다는 것. 생각만으로도 멋있는 일이 아닌가?

위처럼 무한한 가능성을 열어 두고 진로를 찾는 방법도 있지만, 선택의 폭이 넓어지면 혼란스러울 수도 있다. 이런 사람들은 책, 그중에서도 자서전을 통해 폭을 좁혀 나가는 것이 좋다고 생각한다. 각 분야의 전문가들의 살아온 생애를 읽으면서, 진로를 결정할 때 겪는 애로사항, 고난과 성장과정, 성공까지 해당 분야에 대한 폭넓은 정보를 얻으면서 본인에게 적합한 진로 인지 탐색을 하는 것이다.

나도 '강사'라는 전문가를 만나 그 사람의 전문성을 동경하게 되었다. 본인의 진로에 대한 큰 틀이 정해졌다면, 그 분야의 전문가를 세세히 탐구하는 것도 공부의 일종이 될 거라고 굳게 믿는다.

우리는 간혹 통제 불가능한 미래를 예측하고 싶어 한다. 예측되지 않은 미래는 마냥 불안하고, 멀리 있다고만 생각한다. 하지만 미래를 알 수 있는 사람은 아무도 없고, 미래는 오로지 자기 자신의 손에 달린 변화무쌍한 가능성일 뿐이다.

통제 불가능한 미래를 예측하려고 하기보다는, 변화의 흐름을 파악하면서 더 늦기 전에 주체적으로 미래를 만들어 가는 것도 하나의 방법이다. 두려워하지 말고, 지금 우리가 알고 있는 범위 안에서 뭔가를 시도해 보는 것이 이제 막 꿈을 찾아 나서기 시작한 사람들이 해야 할 일이다.

변하지 않는 것은, 인간은 자신의 진로를 찾아 삶을 만들어 나가야 한다는 사실 단 하나뿐이다. 중요한 것은 바로 '어떻게 살 것인가?'라는 질문이고, 더 중요한 것은 '스스로'라고 할 수 있겠다.

05

삶에 있어
중요한 것이란

난 여태껏 성공에 대해 많이 고민했다. '성공'이란 도대체 무엇인지 궁금했다. 돈을 많이 버는 것? 좋은 사람과 결혼하는 것? 행복한 노후를 보내는 것? 내가 강사가 되었다는 것? 장사를 시작해 많은 이익을 얻었다는 것? 아마 저것들은 '목표'로는 설명되겠지만, 저걸 이루었다고 해서 완벽히 성공한 인생이라고는 말할 수 없을 것이다.

모두가 단일한 목표를 가지고 있다고 말할 수도 없고, 성공의 기준치마저 다르기 때문이다. 또한, 하나의 목표를 이루었다면 다음 목표로 끊임없이 나아가야 하기에 언제 성공에 다다르는지도 알 수 없다. 심지어는 내가가진 목표가 모호하고 헷갈릴 때도 있기 마련이다. 그렇다면 우리는 스스로에게 이러한 질문을 던져 보아야 한다.

"내 삶에서 무엇이 가치 있는 것인가?"

어떤 사람들은 취업, 혹은 사업을 해서, 부와 명예를 얻는 것이 인생에서의 성공이라고 한다. 한때 세계 제일의 부호에 올랐던 월마트의 창업자 샘 월튼은 사람들의 부러움을 많이 샀지만, 그는 임종 직전 자기 삶을 후회했다. 그의 곁을 지켜 줄 친구라고 부를 수 있던 사람이 없었기 때문이다. 같은 맥락으로, 세계적인 부자 워런 버핏에게 기자가 성공의 의미에 관해 물었을 때 그는 이렇게 답했다.

> "나이가 들어 높은 빌딩을 갖고 거기에 자신의 이름을 새길 수 있다고
> 해서 성공한 것은 아니다."

또한, 노후에는 나를 사랑해 줬으면 하는 사람이 내게 애정을 품고 있는 것만으로도 성공한 사람이라고 답변했다. 돈, 성공을 가치로 여기며 부를 누렸던 사람이라도 임종을 맞이하니 생각이 달라졌다고 한다.

부와 명예만을 기꺼이 여기지 말고, 우리는 소중한 사람과 함께 삶을 살아가는 것 자체를 소중히 여겨야 한다. 그것이 이루어져야 비로소 '성공한 삶'이라고 부를 수 있다고 생각하기 때문이다.

나는 세상을 떠나신 부모님, 형제, 남편, 자식들, 친구들과 사랑을 주고받을 때 행복하다고 느꼈다. 강사로서 인정받고 강연하는 일도, 장사를 하는 일도 모두 즐거웠다. 하지만 그 모든 일을 하기 전 추진력을 얻을 수 있었던 이유는 소중한 사람에게서 받는 사랑이었다. 아래는 스티브 잡스의 유언이다.

> "나는 비즈니스 세상에서 성공의 끝을 보았다. 타인의 눈에 내 인생은
> 성공의 상징이다. 하지만, 일터를 떠나면 내 삶에 즐거움은 많지 않
> 다. 결국 부는 내 삶의 일부가 되어 버린 하나의 익숙한 '사실'일 뿐이
> 었다.
> 지금 병들어 누워 과거 삶을 회상하는 이 순간, 나는 깨닫는다. 정말

자부심 가졌던 사회적 인정과 부는 결국 닥쳐올 죽음 앞에 희미해지고 의미 없어져 간다는 것을.

어둠 속 나는 생명 연장 장치의 녹색 빛과 윙윙거리는 기계음을 보고 들으며 죽음의 신의 숨결이 다가오는 것을 느낄 수 있다. 이제야 나는 깨달았다. 생을 유지할 적당한 부를 쌓았다면 그 이후 우리는 부와 무관하고 부보다 더 중요하다면, 예를 들어 관계, 아니면 예술, 또는 젊었을 때의 꿈을 추구해야 한다는 것을… 끝없이 부를 추구하는 것은 결국, 나 같은 비틀린 개인만을 남긴다.

신은 우리에게 부가 가져오는 환상이 아닌 만인이 가진 사랑을 느낄 수 있도록 감각(senses)을 선사하였다. 내 인생을 통해 얻는 부를 나는 가져갈 수 없다. 내가 가져갈 수 있는 것은 사랑이 넘쳐나는 기억들뿐이다. 그 기억들이야말로 너를 따라다니고, 너와 함께하고, 지속할 힘과 빛을 주는 진정한 부이다.

사랑은 수천 마일을 넘어설 수 있다. 생에 한계는 없다. 가고 싶은 곳을 가라. 성취하고 싶은 높이를 성취해라. 이 모든 것이 너의 심장과 손에 달려 있다.

이 세상에서 제일 비싼 침대가 무슨 침대일까? '병들어 누워 있는 침대이다.' 너는 네 차를 운전해 줄 사람을 고용할 수 있고, 돈을 벌어 줄 사람을 구할 수도 있다. 하지만 너 대신 아파 줄 사람을 구할 수 없을 것이다. 잃어버린 물질적인 것들은 다시 찾을 수 있다. 하지만 '인생'은 한번 잃어버리면 절대 되찾을 수 없는 유일한 것이다. 한 사람이 수술대에 들어가며 본인이 끝까지 읽지 않은 유일한 책을 깨닫는데, 그 책은 바로 '건강한 삶'에 대한 책이다.

우리가 현재 삶의 어느 순간에 있든, 결국 시간이 지나면 우리는 삶이란 극의 커튼이 내려오는 순간을 맞이할 것이다. 가족 간의 사랑을 소중히 하라. 배우자를 사랑하라. 친구들을 사랑하라. 너 자신에게 잘 대해 줘라. 타인에게 잘 대해 줘라."

물질적인 것들은 이 땅에서 언젠간 사라지고 말지만, 사람에게서 받은 사랑과 관심은 내가 죽어서도 영원하다. 눈에 보이지 않으므로 소중한 것이다. 그러므로 우리는 짧은 인생에서 내가 과연 무엇을 추구하며 살아왔는지, 너무나 물질적인 것에만 치중되어 살지 않았는지 뒤를 한 번 돌아보아야 한다.

06

불행을 지렛대
삼아 튀어 오르다

마쓰시타 고노스케라는 사람을 아는가? 그는 94세까지 건강하게 살다 세상을 떠난 사업가이다. 그는 원래부터 건강한 사람이 아니었다. 그는 세계적인 사업가인 데다가, 엄청난 부를 쌓은 대기업의 총수였다. 그의 아버지는 어릴 적에 파산했고, 그는 초등학교 4학년 때 중퇴해 자전거 점포에서 점원으로 일했다. 밤이면 어머니가 그리워서 눈물을 흘렸던 울보였다.

시간이 흐른 어느 날, 회사의 직원이 마쓰시타 회장님께 물었다.

"회장님, 회장님은 어떻게 이렇게 큰 성공을 하셨습니까?"

그러자 마쓰시타 회장은 본인이 하늘의 큰 은혜를 입고 태어났다고 하는 것이다. 그래서 그 큰 은혜가 뭐냐고 물었더니, 첫째는 너무나 가난했던 것, 두 번째는 너무나 허약하게 태어난 것, 세 번째는 너무나 못 배운 것이라 것이라고 진지하게 답하는 것이었다.

그걸 들은 직원은 의아해하며 이해할 수 없다고 말했다. 이 세상의 불행은 다 가지고 있는데 왜 그런 것들이 하늘의 은혜라고 하는지 의아했던 것이다. 그러나 그는,

아줌마 장사꾼

"나는 지독한 가난 속에서 태어났기 때문에 부지런히 일하지 않으면 잘 살 수 없다는 것을 깨달았고, 또 너무나도 허약하게 태어났기 때문에 건강의 소중함을 일찍이 깨달아서 몸을 아끼고 몸을 함부로 하지 않고 건강에 힘써서 90살이 넘어서도 30대 못지않은 건강 상태를 가지고 있고, 너무나 못 배워서 중학교 4학년 때 중퇴를 했기 때문에 항상 이 세상 모든 사람을 나의 스승으로 받들어 배우는 데 늘 노력하고 다양한 지식과 상식을 얻을 수 있었다."

라고 말했다. 즉, 매번 모든 사람에게 겸손했고 배우는 것을 즐겼다는 것이다. 그래서 그는 자신의 세 가지 불행한 환경이 본인을 성장할 수 있게 해 주고, 세계적인 부라는 명칭을 받을 수 있게 해 준 거라 말한다. 또한, 하늘이 준 시련도 감사히 생각하고 있다고 한다.

나 역시도 고노스케 회장의 이야기를 듣고 감동하여 강의할 때 그에 관한 이야기를 가끔 언급한다. 아버지를 일찍 여의고 어머니가 생계를 책임지는 삶 속에서 궁핍함은 필연적인 것들이었다. 너무나 어려웠던 환경은 한눈을 팔 수 없게 만들었다. 또한 아버지의 환갑둥이로 허약하게 태어났기 때문에 건강하지 못한 약점을 씩씩하게 이겨 내어 현재 누구보다 건강히 살아가고 있다고 생각한다.

삶의 다양한 환경은 우리가 적응해 가는 과정에서 약점이 강점이 되기도 하고, 위기가 기회가 되기도 한다.

07

나를 미러링해 보기

당신이 겪는 역경과 시련에 너무 치중되어 있으면 그것 역시 독이 된다.

"아, 나는 이래서 불행해."
"나는 이것 때문에 힘들고, 이것 때문에 실패했어."

라며 끊임없이 존재하지 않는 이유를 만들어 내고 또 만들어 내다 보면 어느 순간 본인의 슬픔 속에 갇혀 헤어 나오지 못하게 된다. 물론 사람마다 힘든 일은 모두 있는 법이다. 마쓰시타 고노스케가 지독한 가난과 약한 몸 때문에 어린 시절을 아주 고되게 보낸 것처럼 말이다.

관점을 바꾸어 생각해 보자. 그는 결코 그것들을 불행이라고 여기지 않았다. 오히려 "나를 성공할 수 있게 해 준 이유이자 원동력"으로 자신의 결함을 칭하며 불행을 극복하고 뛰어넘어 비상했다. 그러니 본인을 힘들게 하는 것에 미련스레 매달려 본인을 갉아먹기보다는, 조금 더 객관적으로 생각해 보는 것이 중요하다. 그러니까, 나는 그냥 나일 뿐 본인을 갉아먹는 잣대를 가지면 안 된다는 것이다.

세상을 보는 시선을 넓혀 나가야 한다. 좁은 시야 안에 갇혀 계속 불행의 이유를 찾다 보면 그 어느 것도 해결하지 못하게 된다. 나만의 시야를 넓히고, 그 과정에서 나도 몰랐던 나를 알게 되고, 극복할 수 있는 힘과 회복력을 얻어야 한다. 또한 본인에게 갖는 죄책감도 물 퍼내듯 조금씩 줄여 나가는 것이다. 내가 나를 위로할 수 있는 힘을 가진 사람이 정말 강한 사람이라고 할 수 있다.

마쓰시타 고노스케가 자신의 결함을 바라보는 시선이 이해되지 않는 분들도 분명히 있을 것이다.

"아니, 가난과 허약한 몸이 어떻게 성공의 원인이 돼?"

이는 그것들이 정말로 성공의 원인이라기보다는, 그가 자기 자신을 위로할 수 있는 방법을 찾아 불행으로만 치부되는 결함을 바라보는 관점 자체를 바꾼 것과도 같다. 세상을 넓게, 긍정적으로 바라보는 힘을 지니게 된 것이다.

이처럼 우리는 자기 자신을 온전히 받아들이면서도 자신을 긍정할 필요가 있다. 특정 관점과 프레임에 사로잡히면 그건 결국 자기 자신을 수렁에 밀어 넣는 것과 다를 바 없다. 우리의 삶을 이루는 실체에 대하여 깊게 고찰하고, 받아들이고, 그것들을 긍정해야 한다. 무작정 비관하기보다는 내가 가진 것들을 삶의 장작으로 만들어 끝없이 걸어갈 수 있게끔 하는 것이다. 내가 나를 바라보는 관점이 바뀌면, 다른 사람을 바라보는 관점 역시 바뀐다.

"아, 저 사람은 왜 저렇게 멍청하고 미련하게 살까?"
"저 사람은 정말 불쌍하다, 불행하다."

이런 생각을 무의식적으로 해 본 적이 있을 것이다. 하지만 관점이 바뀌면 다른 사람에게서 그들조차 발견하지 못한 가능성과 회복탄력성을 찾아내게 된다. 관대하고 따뜻하며 때로는 예리한 시선을 갖게 되는 것이다. 이를 통해 세상을 더욱 행복하고 긍정적으로 바라볼 수 있게 된다.

부정적으로 세상을 바라보면 자연스럽게 자존감 역시 하락한다. 자존감은 자기효능감과도 비슷한 맥락에서 살펴볼 수 있는데, 자신의 가치를 낮게 판단한다면 그것이 족쇄가 되어 자기 자신을 또 다른 새장에 가둬 놓게 된다. 그렇다면 세상을 긍정적으로 바라보기 이전에, 자존감을 먼저 키워야 한다. 당신은 자존감이 떨어진다고 생각해 본 적이 있는가? 생각해 본 적이 있다면, 그것은 언제인가?

본인에게 주어진 불행을 은혜로 바꾸어 생각할 수 있는 첫 번째 지름길은 바로 '자존감 향상'이라고 할 수 있겠다. 그렇다면 자신의 삶이 막막하고, 본인에게 주어진 것들이 아무 영양가도 쓸모도 없어 보이고, 그것들을 전부 짊어진 자기 자신이 초라해 보일 때는 어떻게 해야 할까?

첫 번째로는 마음의 근육을 단련해야 한다. 정신적인 측면에서의 마음의 근육은 자기 자신과 세상을 긍정적인 시선으로 바라보는 것에서 출발하는데, 마음의 근육을 키우는 방법은 별다른 것이 없다. 그저 자기 자신을 인정하는 것이다.

못났다면 못난 대로 인정하고, 부족하다면 부족한 대로 인정해 보자. 자기 자신의 내면의 소리에 귀 기울이되, 그것에 너무 몰두해 자기 비하적인 생각만 한다면 아무것도 발전할 수 없다. 그러니 내가 부족한 면을 과감하게 인정하고, 그것을 채워 나갈 방법을 모색하는 것이 자존감 향상의 첫

번째 단계가 되는 것이다. 예를 들어,

"아, 나는 다른 사람에게 비판을 듣는 것이 너무 무서워서 아무것도
할 수 없어."

라고 생각하는 사람은 그것을 인정하고, 다른 사람의 비판을 피하기보
다는 직면하는 것이 중요하다.

성공한 사람은 비판을 듣는 일을 회피하지 않았다는 공통점이 있다. 사
람들은 자기 자신에게 하는 비판은 쉽게 생각하면서, 다른 사람이 하는 비
판에는 예민해지고 날을 세우는 경향이 있다. 그것이 본인에게 도움이 되
는 비판일지라도. 그러니 본인의 취약점을 스스로 먼저 파악한 다음, 그것
을 인정하고, 그 취약점에 영양가를 주는 방법을 끊임없이 모색해 나간다
면 한 단계 성장한 자기 자신을 마주할 수 있을 것이다.

나는 덜렁거리고 조급한 성격이 내 단점이자 나쁜 면이라고 생각한 적
이 있다. 그런데 어느 순간,

"아, 이것 역시 나구나."
"나 유주희의 고유함이구나."

이 같은 사실을 끊임없이 인정하고 받아들이고 보니, 그 뒤로부터는 마
음이 편안해졌다. 본인이 가진 본래의 것을 부정하기보다는, 이것도 나의
일부이자 구성요소라고 인정한다면 자기 자신에게 조금 더 관대해진 나를
발견하게 된다. 마음의 근육도 자연스레 단련되기 마련이다.

두 번째로는, 마음과 행동의 유연성이다. 뜬금없이 유연성이라니, 이게 무슨 말인가 싶으실 것이다. 유연성이란 '마음의 유연성'을 뜻한다. 아니, 마음의 근육을 키우라면서 마음의 유연성도 키우라니. 도대체 무슨 뜻인가 싶을 것이다. 이는 바로 나 자신을 좀 더 유연한 태도로 대하라는 뜻이다.

근육을 키우면 사람의 몸이 단단해지지 않는가? 이처럼 마음의 근육을 키우면 사람의 내면이 단단해지고, 내면이 단단한 사람일수록 자기 자신에게 유연성을 발휘해 관대한 시선을 가질 수 있게 된다. 유연성이란 이런 것이다.

예컨대 내게 성취해야 할 100%의 목표가 있다고 가정했을 때, 그 목표의 80%만 달성해도 이를 인정하고 만족하는 것이다. 모든 사람이 부족하게 태어났고, 모든 면에서 완벽할 수 없고, 몇 가지의 결함을 껴안고 살아간다는 것을 깨우치면 자신의 목표치에 도달하지 못하더라도 이를 인정하고 받아들일 유연성이 생긴다. 이는 자존감 예방주사와도 같은데, 이러한 유연성을 충분히 가지고 있는 사람들은 타인이 자신에게 가시 박힌 말을 하더라도 다른 사람들보다 덜 상처받을 수 있다.

모두 실패라는 것을 경험한다. 어떤 사람들은 시작점부터 다른 사람들과 다르고, 태생부터가 열등한 삶이라며 좌절에 빠지곤 한다. 그러나 그럴 필요가 없다는 것을 깨닫는 것이 우리의 삶을 진정 풍족하게 만들어 줄 것이다. 이 세상에 실패한 존재는 없으며, 모든 사람이 자신의 가능성을 깨우치지 못한 채 살아갈 뿐이니 말이다. 새가 알을 깨고 나와 부화하듯 모두가 자신의 무한한 가능성을 알아채고, 그 어떤 새보다 높이 훨훨 날아오를 날이 있을 것이다.

[열정강사 유주희]

08

끊임없이 가치를
부여하며 사는 삶

"아, 저 사람은 저렇게 강의를 잘하는데 나는 저 사람에 못 미치는 것
같아."
"저 사람은 어떻게 저렇게 장사를 잘하지? 내가 장사를 잘하고 있는
게 맞을까?"

대부분이 타인과 자기 자신을 비교하며 본인을 질책한 적이나, 다른 사
람을 부러워하며 시간을 보낸 적이 있을 것이다. 이는 인간이라면 누구나
느낄 수 있는 그늘진 본성인데, 이럴 때는 우리의 마음을 들여다보고 이를
잘 해결하는 것이 중요하다.

필자의 상권은 현재 먹자골목에 위치해 있다. 장사라는 것이, 우리 집
은 텅텅 비어 있을 때 옆집은 문전성시를 이루고 있을 때가 종종 있기도 하
다. 외식 브랜드가 아닌 설렁탕집의 금요일 저녁이 그렇다.

어떻게 보면 질투심이고, 어떻게 보면 박탈감이라고 설명되는 이 감정
은 생존을 위한 동물적인 본성이지만, 이 본성은 상대가 나와 비슷한 상황
에 있을수록 더욱 극대화되곤 한다. 그러나 이 감정을 잘 다루면 이를 성
공과 성취의 에너지원으로 활용할 수 있다.

여러분도 자신의 목표를 향해 달려가며 자기 자신보다 월등히 뛰어난

사람을 보고 부러워하고, 이에 대해 질투를 느낀 적이 있을 거라 믿는다. 이번 장에서는 성공을 위해 이 질투심을 잘 다루는 방법을 조금 이야기해 볼까 한다.

첫 번째, 그 상대를 인정하고 마음껏 감탄하는 것이다.

예컨대 필자가 다른 강사를 보고 "와, 저 사람 정말 대단하다. 부럽다." 라는 감정을 느꼈다면, 그 사람이 대단한 사람이라는 것을 인정하고 마음 껏 감탄하는 것이다. 모순적으로, 이 감정은 본인이 최고의 자리에 올라도 변하지 않는다. 그 사람보다 분명히 더 대단한 사람이 되었는데도 부럽다 는 감정은 왜 사라지지 않을까 고민을 해 봐도 말이다.

이는 우리가 그 사람을 본받고 싶다는 감정에 기인하여 부러움을 느끼 는 것이기 때문이다. 시기와 동경은 종이 한 장 차이라는 말이 있다. 그러 니 본인의 감정을 부인하지 않고 받아들이는 것이 중요하다. 이를 받아들 이는 순간 본인의 목표는 한층 더 또렷해질 것이고, 이를 향해 힘차게 달 려갈 수 있는 힘이 생기게 된다.

피카소 또한 본인의 단짝 브라크를 죽을 때까지 질투했다고 한다. 정작 세계적으로 널리 알려져 천재 화가라는 명성을 얻은 사람은 피카소임에도 불구하고. 천재 피카소도 본인의 친구를 부러워했듯, 그 대상은 끝이 없 다. 그러니 존재 자체를 인정하고 그 사람의 재능과 사람 자체를 좋아하는 것이 첫 번째 솔루션이라고 할 수 있겠다.

두 번째, 비교 대신 그 대상에게서 배움을 얻을 수 있어야 한다.

우리는 상대에 대한 특별한 관심 없이 겉모습만 보고 사람을 평가할 때가 많다. 또다시 예를 하나 들어 보겠다. 내가 어떤 강의를 듣고 "저 사람은 정말 멋지다!"라는 평가로만 감상을 마무리한다면, 내게 어떠한 발전이랄 것이 있을까?

그렇지 않다. 그 사람의 과정을 봐야 한다. 그 강의를 하기까지 얼마나 큰 노력과 수고가 있었을지 등을 보려고 시도해야 한다는 것이다. 그 과정을 알게 된다면 그 사람에 대한 보다 큰 동경심이 생기고, 그 사람의 장점을 본받아 내가 더 멋진 사람으로 성장해 나갈 수 있게 된다.

그리고 이 모든 것들을 본인의 성장 원동력으로 사용하라. 사람들은 모두 고난과 역경을 겪고, 성공한 사람들은 그 고난과 역경을 극복해 냈다. 성공한 사람들이라고 누군가를 질투하지도 않고, 시기하지도 않고, 부러워하지도 않았을까? 절대 아니다. 오히려 그들은 열등감을 극복하기 위해서 그 열등감을 본인의 에너지원으로 사용해 성장한 것이다.

그러니 나의 감정을 오롯이 인정하고 받아들인 뒤 그들의 장점을 받아들여 나만의 것으로 재창조해 내고, 다른 사람들에게 인정받는 것. 그리고 내 목표를 이룰 수 있다고 믿으며 조금씩 성취해 나가는 것. 이것들이 본인의 성장을 돕는 영양소라는 것을 깨닫길 바란다.

열등감이라는 감정 자체는 부정도, 긍정도 아니라는 말이 있다. 이는 고로, 그 열등감을 본인이 어떻게 다루느냐에 따라 부정이 될 수도, 긍정이될 수도 있다는 의미와도 같다. 중요한 것은 열등감을 통하여 잠재된 본인의 가능성을 발견하고, 이를 통해 더 높은 곳으로 도달할 수 있어야 한다는 것이다.

사회적 동물인 인간은 본능적으로 남들과 자신을 비교한다. 이는 경쟁 사회를 살아가는 데 있어서 동기가 될 수 있는 행동이다. 남의 위치에 신경 쓰지 않고 내 감정을 잘 다스리며 자기 자신 그대로를 사랑하는 것이 중요하다.

심리학자 아들러는 열등감을 이렇게 정의했다. "열등감은 정상적인 사람이라면 자연스럽게 겪는 기본적인 감정"이라고. 그리고 "이 열등감을 다루어 나가는 방식에 따라 사람의 성장이 달라진다."고 말했다.

> "열등감이 아니라, 그게 동기 부여라고 생각해요.
> 한 단계 발전할 수 있는 좋은 목표가 생긴 거잖아요.
> 그 친구들을 목표 삼아 나도 조만간 저 친구들처럼 해 봐야겠다고
> 생각하면 돼요. 단어만 바꾸면 생각이 달라져요."
>
> — 서장훈

열등감은 반드시 벗어나야 하는 감정이 아니다. 오히려 그 안에 푹 빠져 질투라는 포장지 안의 동경이라는 알맹이를 바라볼 수 있도록 노력해야 한다. 그 과정 안에서 자신의 또 다른 가치를 발견하게 될 것이다. 우리는 세상이라는 광야 속 끊임없이 가치를 찾아가며 살아가는 존재이다.

맺음말

이 글을 읽는 독자 여러분!
밤하늘이 어두울수록
별은 반짝반짝 빛이 난다고 합니다.

사람에겐 각기 저마다의 고유함과 한계가 있습니다.
그 한계를 극복하기 위해 오늘도 우리는
이 순간에도 노력하고 최선을 다하고 있는 것입니다.

이제 우리는 나를 중심으로
내가 나의 삶의 주인이 되는 가운데,
타인과 더불어 조화롭게 살아가야 합니다.

여러분의 삶이 나를 위하는 동시에
공동체를 위하고, 주변인과 함께 공존하는
가치 있는 삶이 되기를 소망해 봅니다.